EDITION

HERDER

Andreas Gruschke

DAS LEBEN BUDDHAS

Mit Bildern
tibetischer Wandmalereien

Herder
Freiburg · Basel · Wien

Die Überlieferungen aus dem Leben Buddhas sind – in unterschiedlicher Ausführung und niemals in biographischer Vollständigkeit – in den verschiedensten Sprachen und Schriften erhalten. Die bedeutendsten Quellen wurden in den indischen Sprachen Pali und Sanskrit tradiert, sowie in Tibetisch, Chinesisch und Japanisch. Im vorliegenden Text auftauchende indische Namen und Begriffe sind in ihrer Schreibweise als Sanskritnamen wiedergegeben, zwecks einfacherer Lesung ohne diakritische Zeichen. Der Leser mit weiterführendem Interesse wird im Literaturverzeichnis auf einschlägige Werke verwiesen, in denen auch eine textkritische Auseinandersetzung mit der buddhistischen Überlieferung geboten wird, die nicht das Anliegen dieses Buches sein kann.

Band 25 der
Edition Herder
Erste Auflage 1999

Gedruckt auf umweltfreundlichem,
chlorfrei gebleichtem Papier

Einbandgestaltung: Hermann Bausch
Reproduktionen: HWF Müller GmbH, Denzlingen
Herstellung: Freiburger Graphische Betriebe 1999
ISBN 3-451-26934-1

Inhalt

Inhalt

Der historische Buddha Gautama

Einleitung

Der „Erwachte“ oder „zur Erleuchtung Gekommene“, wie der Titel ‚Buddha‘ gedeutet werden kann, gilt als Stifter einer der großen Weltreligionen – des Buddhismus –, der weite Teile Asiens über lange Zeit und bis tief in seine geistesgeschichtlichen Wurzeln geprägt hat. Und doch wollte der Buddha kein Religionsstifter sein. Er hat seine Lehre jenseits aller metaphysischen Überlegungen begründet mit dem Ziel, den fühlenden Wesen aus einem als Leiden erkannten Daseinskreislauf herauszuhelfen. Als Künder eines diesseitigen Erlösungsweges wollte er nicht mehr sein als ein Lehrer und ist doch bald in einem Maße vergöttlicht worden, das zu Lebzeiten wohl kaum seine Zustimmung gefunden hätte.

Die von Buddha verbreitete Heilslehre zeichnet sich durch ihren universalen Charakter aus. Sie richtete sich schon zu seiner Zeit an alle Menschen und wandte sich von der in Kasten differenzierten Gesellschaft des damaligen Indien ab. Daher setzt sich die Lehre Buddhas sowohl in der Art ihrer Formulierung als auch der Gültigkeit ihrer Ethik über sämtliche sozialen Unterschiede hinweg und spricht alle gesellschaftlichen Schichten vom Bettler bis zum König gleichermaßen an. Ein weiteres typisches Merkmal der buddhistischen Heilslehre ist, daß sie nicht nur den Bereich des Geistigen scharf von jenem des Körperlichen, Substanzhaften abgrenzt, sondern auch entschieden die vorrangige Bedeutung des als eigenständig betrachteten Spirituellen herausstellt. Die Betonung der spirituellen Vervollkommnung läßt dennoch niemals die Notwendigkeiten und Bedürfnisse der körperlichen Existenz außer acht. Aus diesem Grunde vertrat der Buddha einen „mittleren Weg" zwischen einem Leben in Luxus und übertriebener Askese, zwischen Vergeistigung und den verschiedenen Aspekten des Daseins in der realen Existenz.

Dem Bestreben, unserer konkreten Welt zu entfliehen, stehen daher pragmatische Maßnahmen gegenüber, die aufzeigen, wie der Weg zum Heilsziel gegangen werden kann. Zentral ist hierbei das Maß, in dem sich jeder einzelne religiöses Verdienst erwirbt. Die Gemeinschaft derjenigen, die „vom Haus in die Hauslosigkeit" ziehen, also das Mönchsdasein wählen, trägt jedes einzelne ihrer Mitglieder. Diese Gemeinde wird ihrerseits von einer Laienschaft wirtschaftlich getragen, die sich dadurch religiöses Verdienst erwirbt, daß sie der Mönchsgemeinschaft Unterstützung gibt, und dies wiederum verschafft den Laien bessere Voraussetzungen für ihren eigenen Weg zur Erlösung. Der Buddha und seine Jüngerschaft bieten den Laien somit religiöse Verdienstmöglichkeiten und dienen gleichzeitig als Vorbilder auf dem Erlösungsweg.

Während seiner Zeit als umherwandernder Lehrer wirkte der Buddha teilweise durch spektakuläre Schauwunder, die seine übernatürlichen Kräfte aufzeigten. Zusammen mit seinen beiden noch höher eingeschätzten Fähigkeiten, nämlich jener, den Geist der anderen klar zu erfassen, und seiner Fähigkeit, die (buddhistische) Lehre in angemessener und überzeugender Weise darzulegen, erklärte und führte er seinen Erlösungsweg gleichzeitig vor. Buddha ist Lehrer des und Beispiel für den rechten Weg zum Heilsziel in einem.

Auf diese Weise wurde sein Lebensweg zum Vorbild für alle, die ihm nacheifern, die gleich ihm eine Antwort auf die Fragen des Daseins und damit einen Erlösungsweg suchen. Ähnlich den Stationen im Leben des Jesus von Nazareth und deren Bedeutung für die christliche Religion sind auch die wichtigsten Ereignisse der Buddha-Biographie in den zahlreichen buddhistischen Schulrichtungen in legendenhafter Form tradiert und immer weiter symbolträchtig ausgemalt worden. Daher ist es überaus schwierig, die historischen Begebenheiten, die während der ersten Jahrhunderte ausschließlich mündlich überliefert wurden, von legendären Ausschmückungen zu trennen, die darüber hinaus in den späteren, überaus reichhaltigen schriftlichen Überlieferungen, in Sutren und in der Kommentarliteratur, in unterschiedlichsten Fassungen vorhanden sind.

Dennoch läßt sich einiges mit Gewißheit über den historischen Buddha sagen, auch wenn schon bezüglich seiner Lebensdaten keine Einigkeit herrscht. Während die ceylonesische Pali-Überlieferung seine Lebenszeit mit ca. 560 bis 480 v.Chr. umreißt, gibt die in den zentralasiatischen Sanskrittexten erhaltene nordindische Tradition deutliche Hinweise darauf, daß der historische Buddha Shakyamuni ein gutes Jahrhundert später, um 450 bis 370 v.Chr., lebte.

Die bilder- und legendenreiche Biographie des Buddha Shakyamuni wird in der buddhistischen Kunst häufig thematisiert. Sie soll eine belehrende Wirkung auf die Gläubigen ausüben und ihnen durch das Vorbild des beispielhaften, von ihm gepredigten und selbst gegangenen Weges Orientierung geben. Auf Steinreliefs in alten buddhistischen Tempelanlagen, in Wandmalereien in Klöstern aller buddhistischer Länder und auf jahrhundertealten Rollbildern ist sein Leben und Wirken immer wieder in Schlüsselszenen dargestellt worden. Es wird gezeigt, wie Shakyamuni als Bodhisattva – als „Erleuchtungswesen" – in unsere Daseinsebene gelangt, zur Erleuchtung kommt und damit zum Buddha wird, die Lehre verkündet und über seinen Tod hinaus weiterwirkt.

Ziel dieses Buches ist es, die bedeutenden Stationen aus dem Leben Buddhas darzustellen und mit ausge-

wähltem Text- und Bildmaterial zu illustrieren. Es ist die von der Legende ausgeschmückte Lebensgeschichte Buddhas, die wir hier erzählen wollen.

Meist werden die „Schlüsselszenen“ der Buddha-Legenden in zwölf Hauptereignisse eingeteilt, die in drei Lebensabschnitte untergliedert werden. Am umfassendsten ist die Erzählung vom Werdegang des Bodhisattva zum Buddha, mit den Hauptereignissen 1. Herabstieg vom Tushita-Himmel, 2. Mayas Empfängnis, d.h. Eingang in den Mutterschoß, 3. Siddharthas Geburt, 4. seine im Palast verbrachte Jugend bis hin zur Vermählung, 5. die vier Ausfahrten, 6. Siddharthas Weltflucht, 7. die Askese und sechs Jahre der Suche, 8. Beginn der Meditation, 9. der Kampf gegen die Versuchungen Maras und 10. die Erleuchtung unter dem Bodhi-Baum.

Der zweite Abschnitt beschreibt 11. die erste Verkündigung der Lehre, womit das Rad der Lehre als in Bewegung gesetzt gesehen wird. Nicht explizit dargestellt, aber in der Biographie Buddhas und für seine Wirkungsgeschichte ungeheuer wichtig sind die fünfundvierzig Wanderjahre, während der er als Bettelmönch und Lehrer durch die Ganges-Ebene zog. Damit begann der Aufbau der Gemeinde, des buddhistischen Ordens. Der dritte Abschnitt umfaßt 12. die Erzählung vom Großen Nirvana, dem Erlöschen und der Beisetzung der sterblichen Überreste. Dieser Gliederung der Buddha-Vita wollen wir hier im wesentlichen folgen.

Die bedeutenden Schlüsselszenen werden meist noch mit weiteren Detaildarstellungen ausgeschmückt und sollen so die Erzählung seiner Biographie veranschaulichen. Illustriert werden die Szenen mit Hilfe von Abbildungen, wie sie über Jahrhunderte hinweg in farbenprächtigen Fresken üppig ausgestalteter tibetischer Klöster erscheinen. Es ist das Urbild des Erleuchtungsweges, auf dem die Leidenden dieser Welt durch das Vorbild Buddhas zur Erlösung geführt werden sollen. Darin sind sich alle buddhistischen Schulen einig, selbst wenn eine Vielzahl von verschiedensten Anschauungen über das Wesen und die Natur unseres Daseins, der Wirklichkeit, des Absoluten und anderer weltanschaulicher Begriffe existiert. So sehen manche Schulen im Tod des Shakyamuni und damit dem Eingang Buddhas ins Nirvana, in die Erlöstheit, auch sein endgültiges Erlöschen, während im Mahayana, dem „Großen Fahrzeug", die Vorstellung vom Buddha als ewig lebendem und transzendenten Wesen existiert: Er wird in den mahayanistischen Lehren zum „Absoluten, zu dem letztlich alles hinstrebt" (Klimkeit).

Der Herabstieg vom Tushita-Himmel

Zu einer Zeit, als die Entwicklung in dieser Welt so weit fortgeschritten war, daß die Menschheit mit den Leiden von Geburt, Alter, Krankheit und Tod vertraut war, ertönten himmlische Klänge aus dem Tushita-Himmel. Dort erreichten sie den Bodhisattva, der zum Buddha des jetzigen Zeitalters bestimmt war und der aufgrund der Frucht seiner früheren Taten unter den Gottheiten weilte. Diese riefen ihm eindringlich in Erinnerung, daß die Zeit gekommen sei, in die irdischen Gefilde herabzusteigen und als Buddha die Erlösung aus dem ewigen Kreislauf von Werden und Vergehen zu bringen.

„Vieltugendsammler, besinne dich deines Vorsatzes, deines
Entschlusses und edlen Wandels!
Entzünder des Lichtes grenzenloser Weisheit!
Gedenke auch der Worte der Buddhas der Vergangenheit!

An Kraft Unvergleichlicher! Mächtiger Sieger!
Erinnere dich deiner weiten, reinen, unbefleckten Seele,
gedenke der Opfer in früheren Existenzen!
Schaue zurück auf die Seelenruhe, Selbstbeherrschung,
Geduld und Bezähmung, die du während Millionen von
Weltzeitaltern gepflegt hast.

Edler Sproß hohen Geschlechtes, bedenke, daß die Zeit gekommen ist. Steige nun hinab und bringe den Wesen Erlösung. Nur du kannst sie lehren, wie Alter, Tod und Sünden vernichtet werden können." *(Waldschmidt)*

Mit diesen Worten rüttelten die Götter den Bodhisattva auf, und er verließ den großen Himmelspalast und unterwies die Geschöpfe des Tushita-Himmels in der wahren Lehre. Danach richtete er die Kraft seines Geistes darauf, den passenden Zeitpunkt, den Erdteil, das Land und das Geschlecht, in dem seine bevorstehende irdische Verkörperung stattfinden sollte, zu bestimmen.

Da der rechte Zeitpunkt aber bereits gekommen war, denn die Lebensdauer der Menschen erreichte kaum mehr hundert Jahre, kam der Bodhisattva zu der Erkenntnis, daß er im „Mittleren Land" Madhyadesha des Rosenapfelkontinents Jambudvipa, im Norden des heutigen Indien, in die Welt der Menschen eintreten wollte. Schon seit jeher fand die Verkörperung des Erhabenen in jenem Lande statt. Die Familie, in der sich die Geburt der Bodhisattva-Manifestation vollzieht, darf nicht zu den verachteten Geschlechtern gehören. Es kamen daher nur die Brahmanen- oder die adlige Kriegerkaste in Frage. Die Wahl des Bodhisattvas fiel auf das königliche Paar Suddhodhana von Kapilavastu und dessen Gattin Maya. Die Familie des Königs namens Gautama aus dem Geschlecht Shakya besaß die gebotenen vierundsechzig hervorragenden Eigenschaften, und Maya wies jene zweiunddreißig Vorzüge auf, die eine Frau, die den Bodhisattva empfangen soll, auszuzeichnen haben. Denn

„solch eine Frau ragt unter allen hervor, ist fehlerlosen Wandels, von hoher Geburt, aus edlem Geschlecht, schön und angesehen. Sie besitzt schwellende Hüften, eine schlanke Taille, hat noch nicht geboren, ist sittenstreng und hingebungsvoll. Ihr Antlitz lächelt freundlich, sie greift zu mit der Rechten, ist offen, wohlerzogen, gewandt, wohlunterrichtet, ohne Falsch, ohne Trug, ohne Zorn, ohne Eifersucht, ohne Neid, ohne Leichtsinn, ohne Unruhe und Geschwätzigkeit. Sie ist geduldig, angenehm, schamhaft, zurückhaltend, gibt kaum der Leidenschaft, dem Haß und der Verblendung nach, ist ohne die üblichen Fehler der Frauen, dem Gatten treu, voll Tugenden aller Art. So ist die Frau, in deren Schoß der Bodhisattva zu seinem letzten Dasein eingeht!“

Als die Umstände der irdischen Verkörperung des Bodhisattvas bestimmt waren, stieg er in den großen Wolkenpalast des Tushita-Himmels hinauf, um erneut eine große Versammlung der Götter zu unterweisen. Endlich nahm er das sein Haupt schmückende Diadem aus wertvollen Juwelen, setzte es dem Bodhisattva Maitreya, welcher als Buddha der Zukunft dazu bestimmt war, die Lehre in späterer Zeit in der Welt zu verkünden, aufs Haupt und sprach zu ihm:

„Nach mir wirst du, o Edler, zur vollkommenen Erleuchtung erwachen.
Ich aber will nun in das Land des Rosenapfelbaumes ziehen, um das Ziel meiner langen Bodhisattva-Wanderschaft auf Erden zu erlangen,

und auch ihr Götter solltet mir als Jünger dorthin folgen,
denn das Heil der vollständigen Erleuchtung kann nur in der
Welt der Menschen gefunden werden.

Einige werden wiedergeboren in dieser Welt,
die Übeltäter in den Abgründen des Leidens,
die Guten gehen weiter in die Himmel,
doch wessen Triebe vollkommen erloschen sind,
der kehrt nicht wieder.“

Nun blieb den Göttern nur noch zu erwägen, in welcher Gestalt der Bodhisattva auf die Erde niedergehen sollte. Nach zahllosen Vorschlägen aus der großen Versammlung verkündete der Göttersohn Agratejas, daß für den Bodhisattva allein die Form eines Elefanten in Frage komme, eines mächtigen und prachtvollen Elefanten mit sechs Stoßzähnen, der weiß wie ein Schneefeld, von schöner Gestalt und mit einem leicht geröteten Kopf geschmückt sei.

Mayas Empfängnis und die Geburt des angehenden Buddha

Die bevorstehende irdische Verkörperung des Bodhisattva rief in Suddhodhanas Palast in Kapilavastu wunderbare Vorzeichen hervor. In die Gebäude und den Hof, die von selbst blitzblank wurden, kamen wilde Vögel geflogen und Musikinstrumente erklangen, ohne gespielt zu werden. Bäume, die zur Blüte kamen, obwohl nicht die passende Jahreszeit war, und Teiche, deren Oberfläche sich vollständig mit Lotosblüten bedeckten, wurden von einem wundervollen Licht erfüllt, welches noch Sonne und Mond überstrahlte.

In dieser Zeit entschloß sich die Königin Maya aus Liebe und Mitgefühl zu den Geschöpfen der Welt, ein Fasten- und Keuschheitsgelübde auf sich zu nehmen und sich in reiner Denkart zu üben. Sie sprach zu ihrem Gatten Suddhodhana:

„Besser als hundert Jahre zu leben
ohne Sittlichkeit und Geistesruhe,
ist ein einziger Tag in Sittlichkeit verbracht
und in der Vertiefung der Meditation.“

Auf ihren Wunsch hin ließ ihr der König auf der höchsten Terrasse des Palastes ein von brennendem Weihrauch umgebenes Lager von duftenden Blumen bereiten, beschirmt von Palmen und Bannern. Mit der Achtung und Ehrerbietung des Gemahls schritt Maya auf ihrem Weg der Tugendhaftigkeit voran, die sich in ihrer geistigen Reinheit äußerte.

Als die kalte Jahreszeit vorüber war und der Frühling in Kapilavastu Einzug hielt, war die Zeit für die Empfängnis gekommen. Der Bodhisattva brach, begleitet von einer zahllosen Götterschar, aus seinem Palast im Tushita-Himmel auf, und die Erde erzitterte unter Donnergrollen, ohne daß die Geschöpfe Furcht oder Unbehagen empfanden.

Vom Körper des Bodhisattvas ging ein Lichtstrahl aus, drang bis tief hinab in die Unterwelten, wo die unglücklichen Wesen in den Höllen für einen Augenblick von ihren Qualen befreit wurden.

Es war im Wonnemonat Vaishaka, als der Bodhisattva schließlich in Form eines weißen Elefanten mit sechs Stoßzähnen über die rechte Seite in den Mutterleib eintrat. Königin Maya selbst, die auf ihrem blütenübersäten Lager ruhte, erblickte das Ereignis in einem Traum, von dem sie ihrem Ehegatten Suddhodhana berichtete:

„Ich habe gefühlt, wie ein Elefant –
bedeckt von einem goldenen Netz und mit einer roten
Mähne auf seinem Haupt,
mit sechs strahlend weißen Stoßzähnen und von der

Farbe einer Muschelschale,
Schnee oder Silber gleichend –
in meinen Schoß einging.

Und hernach wurden mein Leib und mein Geist
gänzlich von einem wunderbaren Wohlbehagen erfüllt,
das niemals zuvor je erlebt, gehört oder empfunden wurde;
als ob ich in konzentrierter Trance aufgegangen wäre."

(nach Obermiller)

Um den Traum seiner Gattin deuten zu lassen, rief König Suddhodhana gelehrte Brahmanen herbei. Diese offenbarten, daß ihr ein Sohn geboren würde, der mit außergewöhnlichen Eigenschaften gesegnet sei; und der, sollte er im königlichen Palast verbleiben und die Nachfolge seines Vaters antreten, ein großer Herrscher werde; der aber, wenn er sich von der Welt in ein mönchisches Dasein zurückzöge, die Buddhaschaft erlange.

Mit dem Eingang des Bodhisattvas in den Schoß von Maya war aus ihr eine gesegnete Frau geworden. Sobald sie ihren Geist sammelte und in Meditation versank, gewahrte sie den in ihrem Leib in Yogastellung verharrenden Bodhisattva.

Die Zeit der Niederkunft nahte, und Maya brach aus dem Palast in Kapilavastu auf, um zu ihren Eltern nach Devadaha zu gehen. Dort wollte sie ihr Kind mit dem Beistand ihrer Mutter zur Welt zu bringen. Noch bevor sie im heimatlichen Hause in Devadaha eintraf, wurde sie allerdings von den Wehen überrascht. Maya war ohnehin bereits im zehnten Monat ihrer Schwangerschaft.

Daher hatte sie bei dem Dorf Lumbini das Bedürfnis, sich zur Meditation in den Wald zurückzuziehen, wo sie nach den plötzlich einsetzenden Wehen im Freien entband.

Zum Zeitpunkt der Geburt stand Maya unter einem Salbaum und hielt sich an einem Ast fest. In diesem Augenblick trat der Bodhisattva als strahlender Knabe, frei von irdischer Befleckung und ohne der Mutter die geringsten Schmerzen zu bereiten, aus ihrer rechten Hüfte aus. Götter streuten Blumen vor den Knaben hin, und die höchsten unter ihnen, Indra und Brahma, entfalteten ein weißes Tuch, um das Neugeborene aufzunehmen.

Die sieben Schritte und erste Wundertätigkeit

Der Knabe, dessen Erscheinung der jungen Sonne glich, war von einem wachen Geist erfüllt, sprang sofort auf die Erde und tat in jede Himmelsrichtung sieben Schritte. Bei jedem seiner Tritte sproß eine Lotosblüte hervor, und er sprach:

„Ich bin der Erste in der Welt,
ich bin der Größte in der Welt,
dies ist meine letzte Geburt,
enden werde ich das Leiden von Geburt, Alter und Tod.“

Kaum hatten seine Füße die Erde berührt, erschienen die beiden regenbringenden Schlangenkönige Nanda und Upananda in den Lüften und gossen zur Glücksverheißung einen kühlen und einen warmen Wasserstrom über ihm aus. Wunder ohne Zahl ereigneten sich in diesem Augenblick. Nicht nur konnten Blinde auf einmal wieder sehen, Lahme wieder gehen, sondern der von Lichtglanz erfüllte Äther wurde von Sandelholzduft durchweht, und Blumen sprossen überall aus der Erde hervor. Der Knabe, der in alle Richtungen und nach oben und nach unten blickte, wurde gewahr, daß alle Welten, die Götter und die Menschen seine Einzigartigkeit erkannten. In einer feierlichen Zeremonie, an der zahllose Verwandte und hundertacht Brahmanen teilnahmen, wählte Suddhodhana Siddhartha als Namen für den Knaben: „derjenige, der sein Ziel erlangt hat."

Der Weise Ashita, der als Seher die göttlichen Zeichen zu deuten wußte, kam herbei und wünschte, das Neugeborene zu sehen. Er trat auf den Knaben zu und begrüßte seine Geburt. Bereits sein Anblick erfüllte ihn mit großer Wonne. Er erkannte in ihm die zweiunddreißig Zeichen eines großen Wesens, nahm ihn in die Arme und verkündete mit freudigem Herzen: „Dies ist der Höchste des menschlichen Geschlechtes!" Doch als er sich seines eigenen Alters bewußt wurde, füllte sich sein Herz mit Trauer, weil er aufgrund seines nahen Endes die Erleuchtung des Siddhartha und dessen Lehrverkündung als Buddha nicht mehr würde erleben können. Tränen quollen daher aus seinen Augen. Als die Mitglieder der Shakya-Familie dies sahen, fürchteten sie sofort, daß der weise Seher eine drohende Gefahr auf den Knaben habe zukommen sehen. Doch Ashita sprach beruhigend auf sie ein:

„Nicht denk' ich dran, dem Knaben Unheil zu künden.
Von keiner Seite sah ich Gefahr ihm drohen.
Kein Mensch wie andre ist er. Seid hohen Mutes!

Der Knabe wird einst, höchster Erleuchtung teilhaft,
der Wahrheit Reich, allkundig jeglicher Reinheit,

begründen voll Erbarmen mit vielem Volke,
daß weit und breit man in Heiligkeit mag wandeln.

Doch ich muß hingehn, ehe sich das vollendet;
nur kurzer Rest ist übrig von meinem Leben.
Des höchsten Meisters Lehre werd' ich nicht hören.
Drum bin ich traurig, bekümmert, schmerzbetroffen."

Maya, die überglückliche Mutter des Knaben, starb bereits sieben Tage nach seiner Geburt. Durch ihre Mutterschaft des Bodhisattva geweiht, wurde sie zu den Göttern in die Himmel erhoben. Infolgedessen nahm sich Mahaprajapati, Mayas Schwester und zweite Gemahlin des Königs Suddhodhana, des Kindes an und sorgte für dessen Erziehung.

Siddharthas Jugend und seine vier Ausfahrten

Siddhartha erhielt eine überaus sorgfältige Erziehung, da sein Vater sich nichts sehnlicher wünschte, als daß sein Sohn ihm einst als ein großer Herrscher nachfolgen sollte. Etwas älter geworden trat er – zusammen mit anderen Kindern aus dem Geschlecht der Shakya – in die Schule des ehrwürdigen Vishvamitra ein, der die Kunst des Schreibens lehrte. Als der Knabe Siddhartha vor seinen Lehrer hintrat, fragte er diesen unmittelbar darauf:

„In welcher der Schriften wirst du mich unterrichten, o Lehrer? Wird es in Brahmi sein oder in Kharoshthi, in Pushkarasari oder der Schrift von Anga, Vanga oder Magadha?"

Vierundsechzig Schriften zählte er auf und begehrte zu wissen, in welcher davon er unterwiesen werden sollte. Darüber war Vishvamitra natürlich in höchstem Maße erstaunt und erwiderte:

„Höchst wunderbar ist das reinste unter den lebenden Wesen: Schon sind ihm all die Wissenschaften vertraut, und doch will er sich an die weltlichen Bräuche anpassen und kommt hier in meine Schule. Doch die verschiedenen Schriften, deren Namen ich nicht einmal alle kenne, sind ihm schon geläufig, und dennoch ist es in meine Schule eingetreten …"

All die vielen Knaben, die mit Siddhartha in die Schule eingetreten waren, lernten gemeinsam mit ihm das Schreiben. Wenn sie aber einen einzigen Buchstaben des Alphabets benannten, so wußte der junge Prinz jeweils eine Weisheit der Lehre aufzusagen.

Außer in den gelehrten Künsten und Wissenschaften erhielt Siddhartha auch eine Ausbildung in den verschiedenen Kampf- und Kriegskünsten, wie es für einen Angehörigen der Kriegerkaste der Kshatriyas üblich war. Obwohl ihm diese nicht sonderlich gefielen, beherrschte er sie doch so vortrefflich, daß kaum jemand mit ihm mithalten konnte. So wuchs er zu einem klugen und geschickten Jüngling heran, der jedoch niemals in die Stadt kam oder gar die verschiedenen Regionen von seines Vaters Reich zu Gesicht bekommen hätte. Wegen der Voraussagen der gelehrten Brahmanen, daß sich sein Sohn auch aus der Welt zurückziehen könnte, tat der König nämlich alles Erdenkliche, um Siddharthas Berührung mit den Schattenseiten des Daseins zu verhindern. Suddhodhana ließ dem Prinzen drei Paläste erbauen, die mit allen Annehmlichkeiten ausgestattet waren und mit zahllosen Zerstreuungen aufwarteten. So schloß er ihn von der Außenwelt ab und hielt ihn von den Leiden des Daseins fern.

Als Siddhartha erwachsen war, wurde ihm Yasodhara als Braut ausgewählt, die Tochter Dandapanis. Dieser jedoch glaubte, daß der Prinz weder in den Künsten noch in sportlichen Aktivitäten sonderlich gewandt sein könnte, da er ja nur das Palastleben und dessen Freuden genossen hatte. Daher bestand Dandapani darauf, daß Siddhartha zunächst seine kriegerischen Fähigkeiten beweisen müsse, bevor er Yasodhara zur Frau erhalte. Also sollte er sich im Wettkampf mit seinem Vetter Devadatta und Sundarnand und zahlreichen anderen Jünglingen messen.

Nach sieben Tagen wurden fünfhundert junge Männer aus dem Geschlecht der Shakya eingeladen, um an den Wettkämpfen teilzunehmen. Derjenige, der als Sieger aus ihnen hervorgehen würde, bekäme Yasodhara zur Frau. Bald schon stellte sich in den Kampfspielen des Turniers die Überlegenheit von Siddhartha, Sundarnand und Devadatta heraus, die einander fast ebenbürtig waren. Außer im Fechten, in dem Devadatta ihm überlegen war, und im Ringen und Bogenschießen, in dem sich beide ebenbürtig waren, entschied Siddhartha alle anderen geistigen und körperlichen Übungen der Wettkämpfe für sich: Reiten, Wagenrennen, Musizieren, Gedichtrezitation, Mathematik und Redekunst.

Die Entscheidung aber brachte ein weißer Elefant, den Devadatta im Kampf tötete. Sundarnand warf den massigen Körper des Tieres über die Stadtmauer, wo Siddhartha ihn fand und mit einer einzigen Zehe zwei

Meilen weit über sieben Mauern und sieben Gräben schleuderte. Und so hing Yasodhara Siddhartha als ihrem Bräutigam die Siegergirlande um.

Prinz Siddhartha und Yasodhara waren sechzehn Jahre alt, als ihre Hochzeit gefeiert wurde. Sie führten bald ein glückliches Leben in den oberen Gemächern des Palastes, deren Zimmer dem Himmel Shivas glichen und darüber hinaus voll waren mit schönen und verführerischen Frauen. Der Prinz genoß die sinnlichen Freuden in vollen Zügen und kam dank seines Vaters Vorkehrungen in keiner Weise mit der Welt außerhalb der Palastmauern in Berührung.

Nachdem einige Jahre vergangen waren, entschieden die Götter, es sei an der Zeit, daß der Bodhisattva sein Lebenswerk beginne. Auf einmal fühlte Siddhartha den Wunsch, den Palast zu verlassen und die Stadt zu besuchen, denn trotz aller Sinnenfreuden und lustvollen Annehmlichkeiten, denen er sich täglich hingeben konnte, fand er keine Freude und Ruhe. Nach langem Hin und Her konnte er das Einverständnis seines Vaters Suddhodhana erlangen, der ihn seinem besten Wagenlenker Chandaka auf vier Ausfahrten anvertraute. Da der König mit den Jahren immer ängstlicher geworden war, daß sein Sohn etwas von Krankheit, Tod und weiteren Schattenseiten des Lebens erfahren könnte, ließ er alle Straßen, durch die Siddhartha fahren würde, reinigen und schmücken. Weder Alte noch Kranke durften sich dort sehen lassen.

Die Götter entschieden jedoch anders. Einer von ihnen stellte sich in Gestalt eines altersgebeugten Greises am Wegesrand auf, der nur mit Mühe unter der Last seiner Gebrechen zu gehen imstande war. Über diesen Anblick war Siddhartha sehr erstaunt, denn niemand hatte ihm je vom Alter gesprochen.

„Sage mir, mein Wagenlenker, wer ist dieser schwache und hilflose Mann?
Sein Fleisch und Blut sind vertrocknet, und er ist nur noch Haut und Knochen,
sein Haar ist weiß, seine Zähne spärlich, sein Körper mager,
er schreitet nur mit Schmerzen vorwärts und muß sich dabei auf einen Stock stützen."

Der Wagenlenker Chandaka erklärte dem Prinzen, daß dies ein Mensch wäre, der vom Alter gezeichnet sei, wie es jedem Menschen im Laufe der Zeit ergehe. Und daß alle lebenden Wesen in ihrer Existenz ausnahmslos altern müßten.

Und jedes der drei Male, die Siddhartha noch ausfuhr, machte es sich einer der Götter zur Aufgabe, ihn am Wegesrand die wahre Natur des Lebens zu lehren. Bei der zweiten Ausfahrt begegnete Siddhartha einem Pestkranken, dessen Antlitz grauenvoll entstellt war und der sich unter schrecklichen Schmerzen wand. Endlich bekam er bei einem Leichenzug einen bleichen verunstalteten Toten zu Gesicht, so daß er sich fragte, welchen Sinn das Altern, die Krankheit oder der Tod hätten. Vor allem aber wußte er auch sich selbst, der reich, mächtig, stark und in glückseligen Lebensverhältnissen geboren war, davon nicht verschont:

„Dieser Körper altert und ist so zerbrechlich,
er ist eine Stätte aller Krankheiten,
bald wird er verwesen und zerfallen,
denn alles Leben hat ein Ende mit dem Tod."

Auf diese Weise erfuhr er von der Vergänglichkeit allen Seins, davon, daß alles Geborene dem Tode geweiht ist, daß der Körper altert und von Krankheit heimgesucht wird, und begriff, daß er selbst auch nicht davon verschont sein würde.

Er erkannte schließlich, daß die Welt, das Dasein nur

eine ungeheure Anhäufung von Schmerz und Leid sei, dessen Ursachen zu ergründen ihm fortan ein drängender Wunsch war.

Bei einer letzten Ausfahrt begegnete er einem stillen, in sich gekehrten Mönch. Züchtig, ohne die Augen neugierig umherschauen zu lassen, mit auf den Boden gerichtetem Blick schritt dieser sanft und vorsichtig dahin. In edler Haltung trug er seine Bettelschale vor sich her, und der Prinz war von seiner würdevollen und selbstbeherrschten Erscheinung sehr beeindruckt. Als ihm der Wagenlenker auf sein Fragen hin erläuterte, daß dies ein Wandermönch sei, der den Sinnengenuß aufgegeben habe und ein züchtiges Leben in der Hauslosigkeit führe, um innere Ruhe zu finden, und daß er frei von Haß und Leidenschaft seinen Lebensunterhalt von den Almosen, die er auf seinen Bettelgängen erhalte, bestreite, reifte bei Siddhartha die Erkenntnis, daß nur die Entsagung der Weg zum Frieden der Seele und zum Heil sein könne:

„Schon immer haben die Weisen das Hinausgehen in die Hauslosigkeit gepriesen;
denn darauf gründet sich das eigene Heil wie auch jenes der anderen Wesen,
und die Frucht, die aus ihr erwächst, ist ein Leben in seliger Wonne und Todlosigkeit.“ *(nach Waldschmidt)*

Es war an diesem Tag nach der letzten Ausfahrt, daß Prinz Siddhartha beschloß, den Glanz des Hofes seines königlichen Vaters Suddhodhana zu verlassen und sich als ein bettelnder Wanderasket auf die Suche nach einem Leben frei von Leiden zu begeben. Daran änderte auch der Umstand nichts, daß ihm auf seinem Rückweg in den Palast mitgeteilt wurde, seine Gattin Yasodhara habe einem Sohn das Leben geschenkt.

„Rahula ist geboren, eine Fessel ist geboren", war alles, was Siddhartha auf die Neuigkeit zu sagen vermochte. Als er seinen Vater über seine weiteren Absichten unterrichtete, war dieser sehr bestürzt und schloß ihn im Palast ein. Suddhodhana soll sogar veranlaßt haben, die Palastmauern zu verstärken, neue Festungsgräben auszuheben, die massiven Tore an den Ausgängen mit Sonderwachen zu verstärken und an allen wichtigen Straßenkreuzungen in der Hauptstadt Soldaten zur Bewachung aufzustellen. In den Frauengemächern, in denen sich der Prinz aufhielt, ließ der König vermehrt Musik aufspielen, Gesang darbieten sowie fröhliche Tänze und Theaterstücke aufführen.

Die Hilfe der Götter jedoch sollte es Siddhartha ermöglichen, sich unbemerkt auf seinem Roß Kanthaka zu entfernen. Alle Zeichen standen auf des Bodhisattvas Weggang: Die Vögel hörten auf zu singen, die Lotosblumen verwelkten, die Bäume hörten auf zu blühen, und alle Musik, die erklungen war, verwandelte sich in Stille. Ein letztes Mal ging Siddhartha in das Gemach seiner Gattin Yasodhara und betrachtete sie und seinen kleinen Sohn Rahula. Die Zeit für den Aufbruch war gekommen.

Siddharthas Weltflucht: Er wird Wandermönch

In der Blüte seines besten Mannesalters, mit neunundzwanzig Jahren, glänzend dunkelhaarig und von eleganter Gestalt, ließ Siddhartha das Leben im Wohlstand hinter sich und zog hinaus in die Unwägbarkeiten der Welt außerhalb des Palastes. Da sein Vater mit seinem Entschluß nicht einverstanden war, hatte dies in aller Heimlichkeit und Stille zu geschehen. Der Prinz umwickelte die Hufe seines Pferdes Kanthaka mit Stoffen, so daß die Torwachen, welche die Götter in Schlaf hatten sinken lassen, keinen Laut vernahmen. Die Tore des Palastes öffneten sich von selbst, und in Begleitung seines treuen Wagenlenkers Chandaka entfloh Siddhartha ohne Schwierigkeiten und zunächst unbemerkt von allen aus dem Palast.

Noch in derselben Nacht durchritt Siddhartha drei Königreiche – jenes der Shakyas, der Kodyas und der Mallas – und gelangte im Morgengrauen an den Fluß Anoma in die Nähe der Stadt Anuvaineya. Er stieg von seinem Pferd, um nun zu Fuß das unbehauste Dasein eines Wandermönches (Sramana) zu führen. Weil er sich dachte, daß es nicht angehe, daß er als ein Wanderasket Schmuck und prächtige Gewänder trage, tauschte Siddhartha seine fürstlichen Kleider gegen die gelbbraune Kutte der Wanderasketen und entledigte sich der Symbole seines fürstlichen Standes, der Juwelen. Seine Herkunft aus reichem Hause ließ sich freilich nicht übersehen, denn die schweren Ohrgehänge, die er als Fürstensohn seit vielen Jahren trug, hatten seine Ohrläppchen gedehnt und bis fast auf die Schultern herabgezogen. Die Geschmeide schenkte er Chandaka und trug diesem auf, dem Vater seinen Entschluß auszurichten:

„Nimm diese Juwelen und eile gen Kapilavastu!
Benachrichtige die Eltern, daß ihr Prinz in die
Hauslosigkeit gezogen ist,
und überbringe ihnen meine Worte: Trauert nicht!
Wenn ich zur Erleuchtung erwacht sein werde,
kehre ich zurück,
dann sollt ihr meine Predigt hören und werdet
beruhigten Herzens sein!

Oder aber ich will untergehen, wenn mir die Kraft,
dieses Ziel zu erreichen, nicht vergönnt ist.“ *(Waldschmidt)*

So machte sich der Wagenlenker Chandaka, nachdem er seinem Herrn unter Tränen die Füße geküßt hatte, auf den Heimweg und führte das treue Pferd Kanthaka am Zügel. Als Chandaka Kapilavastu erreichte, glaubte man zunächst an die Rückkehr des Prinzen; als er jedoch König Suddhodhana davon berichtete, daß Siddhartha in die Hauslosigkeit gezogen sei, war dieser äußerst bestürzt.

Die Botschaft löste große Traurigkeit in der Hauptstadt aus.

Siddhartha hatte sich unterdessen mit einem Messer das Haupthaar abgeschnitten. Aus dem Himmel der Dreiunddreißig näherte sich ihm eine Gottheit, um die Haare in einer Schale aufzufangen und sie als Reliquie in die überirdischen Gefilde hinaufzutragen. Auf diese Weise war aus dem Prinzen Siddhartha der Familie Gautama im Geschlecht der Shakya ein Wandermönch geworden: der Sramana Gautama, der seinen Weg zum Buddha Shakyamuni einschlug.

Siddhartha als Asket: sechs Jahre der Suche nach Antworten

Als Wandermönch begab Siddhartha sich zunächst dorthin, wo der Brahmane Raivata lebte und wo andere gebildete Männer sich in Eremitagen aufhielten. Nach kurzer Zeit seiner Wanderschaft traf er, jetzt als Sramana Gautama bezeichnet, in Vaishali auf die dreihundert Schüler des berühmten Weisen Arada Kalapa. Er wollte dessen Jünger werden und wurde von ihm selbst unterwiesen. Obschon er sein Wissen unter dessen Anleitung vertiefen konnte und sein Geist alsbald denselben Grad geistiger Konzentration erreicht hatte wie der seines Lehrers, fand er doch keine Zufriedenheit. Aus diesem Grund schlug er Aradas Angebot, seine Anhängerschaft mit ihm gemeinsam zu unterrichten, aus und verließ ihn auf der Suche nach besseren Methoden und Wegen zum Heil.

Die Lehren des Udraka Ramaputra in Rajagriha, der Hauptstadt von Magadha, zu dessen siebenhundert Schülern er sich in der Folge zählte, enttäuschten ihn ebenfalls. Er wandte sich deshalb auch von ihm ab, in der

Erkenntnis, daß Wissen allein einen der Erleuchtung nicht näher bringt. Begleitet von fünf anderen Schülern verließ Siddhartha daher den Lehrer Udraka, ließ sich mit ihnen am Fluß Nairanjana nieder und begann eine drastische Askese, um durch eigene Anstrengung zur Erlösung zu gelangen.

Die Askese gipfelte in einem strengen Fasten. Nach und nach beschränkten sie ihre tägliche Nahrung auf ein einziges Reis- oder Sesamkorn. Ihr Eifer ließ sie bis auf das Skelett abmagern, so wie man es von den heiligsten aller Sramanas, den Yogins, kannte. Aber von neuem wurde Siddhartha die Sinnlosigkeit seines Tuns bewußt. Er mußte erkennen, daß Selbsttortur nicht zur Erlösung führen kann. Denn ein mangelhaft ernährter, unterversorgter Körper war geschwächt und taugte daher

schlecht zum Träger geistiger Anstrengung, und wenn der Geist Not litt, vermochte er der Erlösung nicht näher zu kommen.

„Da sagte ich zu mir“, berichtete Gautama Buddha
später dem Aggivessana,
„‚ich will die Appanakaversenkung weiter üben.‘
Da hielt ich Einatmen und Ausatmen durch Mund,
Nase, Ohren zurück.
Da erhoben sich in meinem Kopf starke Kopfschmerzen.
Da war meine Kraft angespannt …

Und wie die Gottheiten mich sahen, sagten sie:
‚Der Asket Gautama ist verschieden.‘
Einige Gottheiten aber sagten:
‚Verschieden ist der Asket Gautama nicht, aber er ist
im Verscheiden.‘
Und andere Gottheiten sagten:
‚Verschieden ist der Asket Gautama nicht, und er ist auch
nicht im Verscheiden.
Der Asket Gautama ist ein Heiliger, und solches ist der
Zustand eines Heiligen.‘

Da sagte ich zu mir: ‚Ich will anfangen, mich ganz und
gar der Nahrung zu enthalten.‘

Wenn ich meine Bauchhaut fassen wollte, faßte ich
mein Rückgrat,
und wenn ich mein Rückgrat fassen wollte, faßte ich
mein Bauchhaut:
so haftete meine Bauchhaut am Rückgrat infolge dieser
geringen Nahrungsaufnahme.

Und wenn ich Kot oder Urin entlassen wollte,
stürzte ich vornüber hin infolge dieser geringen
Nahrungsaufnahme.

Und um meinen Körper zu beleben, rieb ich mir die
Glieder mit der Hand.
Wie ich mir da die Glieder mit der Hand rieb,
fiel die Behaarung, deren Wurzeln verfault waren, mir
vom Leib infolge dieser geringen Nahrungsaufnahme.

Da sagte ich zu mir:
‚Alle Asketen und Brahmanen in vergangenen Zeiten,
welche durch asketische Behandlung entstandene schmerzhafte, scharfe, beißende Empfindungen gefühlt haben:
So weit höchstens sind sie gekommen und nicht weiter.
Und alle Asketen und Brahmanen in künftigen Zeiten,
so weit höchstens werden sie kommen und nicht weiter.
Und alle Asketen und Brahmanen in der Gegenwart,
so weit höchstens kommen sie und nicht weiter.

Und doch erreiche ich durch diese scharfen
Peinigungen nicht die übermenschliche Vollkommenheit,
die volle Herrlichkeit edlen Wissens und Schauens.
Der Weg zur Erleuchtung möchte wohl ein anderer sein.'"

Die Kasteiungen, stellte Gautama fest, boten keine Möglichkeit, zu der befreienden Erkenntnis zu gelangen, die ihn aus dem ewigen Kreislauf von Werden und Vergehen führt. Aus diesem Grunde beschloß er, wieder Nahrung zu sich zu nehmen. Seine fünf Gefährten waren darüber sehr enttäuscht, kehrten sich deshalb von ihm ab und verließen ihn.

Nach einem Bad im Fluß, in dem er vor Schwäche beinahe ertrunken wäre, kam das Bauernmädchen Sujata zu ihm und bewirtete ihn. Im Traum hatte sie von den Göttern den Auftrag erhalten, dem Bodhisattva Speisen darzubringen. Daher schöpfte sie Rahm von der Milch von tausend Kühen ab, fügte ihm frischen Reis hinzu und brachte dies dem Mönch Gautama in einer Schale dar.

Als Gautama wieder ausreichend gegessen hatte und allmählich zu Kräften kam, erinnerte er sich an eine Szene, wie er einst bei zeremoniellen Feldarbeiten seines Vaters im kühlen Schatten eines Rosenapfelbaumes gesessen hatte:

„Ich entsinne mich, wie ich da,
von Lüsten mich abscheidend, von allen unreinen
Wesenheiten mich abscheidend,
in die mit Überlegung und Erwägung verbundene,
aus Abgeschiedenheit geborene,
von Befriedigung und Freude erfüllte erste Versenkung
eingetreten bin und darin verharrt habe.
Dies möchte wohl der Weg zur Erleuchtung sein."

Und da Gautama hiermit erkannt hatte, daß solche Freude in der Versenkung mit einem aufs äußerste abgemagerten Körper nicht leicht zu erlangen sei, stellte er die Fastenaskese ganz ein, nahm fortan wieder reichlich aus Reisbrei bestehende Nahrung zu sich und verlegte sich auf die Methode der Meditation. Mit wundervollen Erscheinungen in der Natur kündigte sich der Eintritt des Bodhisattvas in den Kreis der Erleuchtung an.

Meditation und Versuchungen durch Mara

Inzwischen war Siddhartha fünfunddreißig Jahre alt. Sechs Jahre der äußersten Entbehrung hatte er hinter sich, ohne daß er der Erleuchtung näher gekommen wäre, und so fragte er sich mehr und mehr, ob all die Jahre nicht umsonst gewesen waren. Als seine weitere Wanderschaft ihn bei Gaya in einen freundlichen Hain führte, mit einem klaren Fluß, der zum Baden einlud, machte er schließlich unter einem Feigenbaum Rast. Hier beschloß er, daß seine Meditation nicht eher enden dürfe, als bis er zur letzten Erkenntnis gelangt sei. Siebenmal umschritt er den Feigenbaum, bevor er sich im Lotossitz niederließ und zu sich selbst sprach:

„Möge meine Haut schrumpfen,
möge meine Hand verdorren und
mögen meine Gebeine sich auflösen,
solange ich nicht auch die letzte Erkenntnis gefunden habe,
werde ich diesen Ort nicht verlassen.“

Darauf jubelte das Himmelsvolk, und die Vögel sangen in freudiger Erwartung. Die Worte, die der Sramana Gautama sprach, mündeten in die Tat. Er setzte sich im Lotossitz unter den Feigenbaum, mit verschränkten Beinen, indem der rechte Unterschenkel über dem linken lag. Die Hände legte er, mit dem Daumen nach außen, flach übereinander und mit der Rechten obenauf. Für lange Zeit verharrte er in dieser Stellung und widmete sich der innigsten Versenkung.

Hirtenjungen aus den Dörfern entdeckten den in sich versunkenen Asketen im Wald und trieben Schabernack mit ihm. Sie kitzelten ihn mit einem Bambussproß oder stopften ihm Baumwolle ins Ohr. Dieses aber ließ er sich wieder aus der Nase herausfallen. Darüber hinaus tuteten sie ihm ins Ohr und versuchten, ihn aus dem Lotos-

sitz zum Umkippen zu bringen. Sie vermochten jedoch nicht, den meditierenden Bodhisattva in seiner Versenkung zu stören.

Allein die üblen Geister unter der Führung von Mara, dem dämonischen Fürsten des Bösen, wollten die Anstrengungen Sramana Gautamas mit aller Macht vereiteln. Voller Schrecken hatte Mara erkannt, daß der meditierende Siddhartha kurz davor stand, ein Buddha zu werden. In zweiunddreißig Träumen war ihm erschienen, wie sein Reich mit Finsternis und Unheil überzogen wurde, und schnell rief er die große Zahl seiner Anhänger und Untergebenen zusammen. Nun setzte er alles daran, die Erleuchtung Gautamas zu verhindern. Sein ganzes Dämonenheer bot er auf, um dem in Versenkung befindlichen Mönch Entsetzen einzujagen: Fratzenhafte Ungeheuer mit tausend Augen, Dämonen mit flammenden, leichenfarbenen oder schwarzen Leibern, entfesselten einen Sturm, der den Bodhisattva mit Regengüssen und Felsbrocken, mit Speeren, Pfeilen und Schwertern, ja sogar mit glühenden Kohlen überschüttete.

Von alledem blieb Gautama jedoch ungerührt, denn ohne Ausnahme verwandelten sich die Geschosse vor dem Meditierenden in Blüten und fielen sanft zu Boden. Drachendämonen kippten riesige Kübel von Unrat über Gautama aus, gefährliche Schlangen bespien ihn mit Gift – nichts jedoch konnte dem angehenden Buddha etwas anhaben. Sogar die furchtbare Blitzschleudermaschine, die Mara zur Verfügung stand, blieb ohne jede Wirkung. Mit festen Worten schlug Siddhartha alle Feinde in die Flucht: Mara gab sich jedoch nicht so schnell geschlagen und besann sich auf eine andere Strategie. Halfen seine mächtigen Dämonenheere nicht, dann mochte womöglich liebreizende Verlockung geeignet sein, den Geist des Bodhisattvas zu verwirren. Wie nach einem Gewitterregen wurde der Wald auf einmal in ein zauberhaftes Licht getaucht. Die Töchter der Geister umschwärmten den Meditierenden: hinreißend schöne Gestalten, in prächtige Kleider gehüllt oder ihre wunderbare Nacktheit entblößend, die ihn mit Liebesworten zu betören suchten, aufreizende Blicke unter ihren langen Wimpern hervorblitzen ließen und durch laszive Körperhaltungen unerhörte Lüste verhießen:

„Einige verhüllten ihr Gesicht halb. Einige wiesen ihre hohen festen Brüste. Einige zeigten unter verhaltenem Lachen die Reihen ihrer Zähne. Einige warfen ihre Arme in die Höhe und ließen ihre Achselhöhlen weit geöffnet sehen, andere wieder ihre Lippen, rot wie Bimbafrüchte. Einige blinzelten ihn mit halb geschlossenen Augen an und schlossen die Lider schnell, nachdem sie ihn angeblickt hatten. Einige boten ihm halbbedeckte Brüste dar, andere Hüften, um die das Gewand nur lose gegürtet war. Einige hatten zarte Leinenstoffe um ihre Hüften gelegt und gegürtet, einige ließen ihre Fußringe klingen. Einige zeigten ihm, daß zwischen ihren vollen Brüsten kaum für eine Perlenschnur Platz war. Einige hatten die Schenkel zur Hälfte nackt. … Einige boten sich in der Gestalt von Jungfrauen dar, andere in der Gestalt von Frauen, die noch nicht geboren hatten, andere als Frauen reiferen Alters. Einige luden den Bodhisattva zu Liebesfreuden ein.“ *(Waldschmidt)*

Obendrein erschien Mara selbst in Gestalt des grazilen Liebesgottes Kama, der mit seinem Bogen Liebespfeile abschießt, denen kaum ein Wesen widerstehen kann. Die Sinnlichkeitsgöttin Rati („Lust") rief er herbei, damit sie sich vor dem Meditierenden entblöße. Ihre berückende Schönheit, ihre außergewöhnliche Anmut welkte jedoch in Sekundenschnelle durch alle Phasen des Alterns dahin, bis sie nur noch als eine runzlige Greisin vor Gautama stand. Auch Kamas stärkste Waffe hatte versagt, weil Maras drei wunderschöne Töchter ebenfalls nicht den geringsten Eindruck auf Siddhartha machten, der lediglich folgendes sprach:

„Ich sehe nur den schmutzigen, unreinen Leib,
der von einem Geschlecht von Würmern erfüllt ist,
der sich in Flammen verzehrt,
der zerbrechlich und von Schmerz eingehüllt ist.

In allen Geschöpfen haust die Sünde.
Der, den die Leidenschaft geschüttelt hat, weiß das.
Die Begierden sind wie Schwerter, wie spitze Pfeile,
ähnlich einem mit Honig bestrichenen Rasiermesser,
gleich dem Kopf der Schlange, gleich einem Feuerstrahl. Ich kenne sie wohl.

Ich werde die unvergängliche und von Weisen erträumte Würde erlangen, die das höchste Glück der beweglichen und unbeweglichen Welt erzeugt."

Noch immer wollte Mara nicht anerkennen, daß er besiegt war. Daher berührte Gautama mit den Fingerspitzen seiner rechten Hand die Erde, um sie als Zeugin für die Niederlage Maras und seiner üblen Dämonenschar, und seinen, Gautamas, Sieg über die Versuchungen des Fürsten des Bösen zu erbitten. Die Erde brach auf und die Erdgöttin Bhumi erschien vor dem angehenden Buddha. Sie fiel vor ihm auf die Knie, legte ihre Handflächen verehrungsvoll aneinander und bekundete: „Der Sieg ist dein, o Erhabener, die Erde ist dafür Zeuge!"

Vor Wut heulte das schreckliche Dämonenheer auf und verschwand daraufhin zeternd in der Finsternis. Mara dagegen sprach, bevor auch er sich entfernte, in maßloser Verbitterung:

„Dem Erhabenen gefolgt bin ich
sieben Jahre auf Schritt und Tritt.
Nicht konnte Zugang ich finden
zum Buddha, dem Allwachsamen.

Um den Stein, der wie Fett aussah,
flog die Krähe voll Gier herum:
Hier werd' ich leckern Fraß finden,
ein guter Bissen winkt mir hier!

Den leckern Bissen nicht findend,
flog die Krähe hinweg von dort.
Wie die Krähe vom Stein abließ,
wend' ich mich ab von Gautama."

Ein Regen von Blumen kühlte Siddharthas Stirn, und er wurde sich darüber klar, daß alle Schrecknisse und Verlockungen nur dem Geist entsprungene Sinnestäuschungen sind.

Die Erleuchtung unter dem Bodhi-Baum

Nach den vielen Jahren des Umherwanderns, der Askese und Kasteiung und der anschließenden tiefen Meditation im kühlen Schatten eines Jambu-Baumes, einem lauschigen Ort fern aller Begierden, sollte Siddhartha in einem Zustand wunschlosen Glücks die Erleuchtung erlangen und damit zum Buddha werden – dem „Erwachten“ oder „zur Erleuchtung Gelangten“. Er erhob sich von seinem Sitz unter dem Feigenbaum, der damit zum Bodhi-Baum, dem „Baum der Erleuchtung“ wurde, und verkündete, daß die bösen Mächte Maras besiegt, alles Übel vernichtet und er nun Herr über die drei Welten sei:

„So habe ich unter den in Nichtwissen versunkenen Geschöpfen,
die im Ei stecken und davon umhüllt sind,
des Nichtwissens Eierschalen zerbrochen
und habe allein in der Welt die höchste Buddhaschaft erworben,
über der nichts andres ist.
So bin ich der Höchste in der Welt.“

Nach dem Sieg über die Versuchungen Maras nämlich hatte Gautama in drei Nachtwachen das dreifache Wissen eines Buddha erlangt. In der ersten sah er, wie die Lebewesen durch ihr schlechtes Karma, d. h. durch ihre üblen Taten und Tatabsichten, in den Qualen der verschiedenen Höllen versinken oder aber durch ihr gutes Karma in himmlischen Sphären wiedergeboren werden. Die zweite Nachtwache brachte ihm die Schau seiner eigenen früheren Existenzen, während die dritte ihn die Erkenntnis des Entstehens in Abhängigkeit erfahren ließ. Noch bevor der Morgen graute, erwachte er aus seiner tiefen Meditation zur Erleuchtung und wurde damit zum Buddha. Er löste sich von den Lüsten und allen unreinen Wesenheiten und trat in die mit Überlegung und Erwägung verbundene, aus Abgeschiedenheit geborene, von Befriedigung und Freude erfüllte erste Versenkung ein, in der er eine neue Form der geistigen Übung erfuhr und in ihr verharrte. Frei von Begierde und dem Wunsch nach Veränderung des Augenblicks entsprach sie dem Erlebnis des ‚Erinnerns'. Alsdann erlebte Gautama, wie in diesem stillen und konzentrierten Zustand Überlegung und Erwägung nach einiger Zeit von selbst zur Ruhe kamen. Damit war er in die zweite Stufe der Versenkung eingetreten, die sich durch ein aus Hingabe und Konzentration geborenes Glücksgefühl auszeichnete. Auch dieses schied nach einer Weile dahin, worauf sich mit der dritten Stufe der Versenkung Gleichmut einstellte: Seine aufmerksame Wahrnehmungsfähigkeit blieb von Gedanken und Wünschen ungetrübt. Mit dem Abklingen der freudigen Emotionen, dem Untergang allen früheren Wohl- und Leidensgefühls erlangte Gautama schließlich die vierte Stufe der Versenkung. In deren schmerz- und freudloser Läuterung des Gleichmuts und Wachseins verharrte er. In ihr war ihm das Vermögen zu eigen geworden, vollkommen in der Gegenwart zu verweilen, ohne sich in Gedanken ablenken zu lassen oder mit weiterreichenden Begierden über diesen Zustand hinausstreben zu wollen:

„Nachdem nun so mein Gemüt beruhigt war, gereinigt,
geläutert, befreit von Lust, losgelöst von Befleckung,
sanft, fügsam, fest und unveränderlich,
wandte ich mein Denken zu der Erinnerung und Erkenntnis
meiner früheren Existenzen.“ *(Dutoit)*

Mit Einbruch der Nacht richtete Gautama seine Aufmerksamkeit auf die Verstrickung in den Kreislauf der Wiedergeburten. Unzählige seiner früheren Existenzen rief er sich mit allen Einzelheiten ins Bewußtsein, bis über den Beginn dieser Welt hinaus in vormalig existierende Welten hinein. In der Erinnerung an mannigfaltiges früheres Dasein erkannte Gautama, wie nicht nur ein Leben das andere ablöst, sondern auch, wie die Welten in endlosem Werden und Vergehen aufeinander folgen.

„Dies, o Brahmane, ist die erste Wissenschaft,
die ich in der ersten Nachtwache erlangt habe.
Das Nichtwissen ist vernichtet, Wissen entstanden.
Die Finsternis ist vernichtet, Helligkeit entstanden,

wie es sich gebührt für den, der unentwegt, in heißem Eifer,
sein Selbst dem Streben weihend, verharrt.
Dies, o Brahmane, war mein erstes Anslichtkommen,
wie eines Küchleins aus der Eierschale."

Mit dem Wissen um das unentwegte Vergehen und Entstehen war sein Erwachen ausgelöst, und er wandte sich nun den Gesetzen zu, die diesem Wiedergeburtenkreislauf zugrunde liegen. Mit klarer, über dem Menschlichen erhabener Einsicht erkannte er, welches Schicksal das Karma der Wesen auslöst und wie sich ihre guten oder bösen Taten, Worte und Gedanken auf die Bestimmung des Daseins auswirken. Dieses zweite Wissen also, das Gautama in der mittleren Nachtwache erlangte, brachte ihm die Ursachen des steten Wandels zu Bewußtsein und auf welche Weise sie wirken. Er hatte das Leiden erkannt und die Entstehung des Leidens durchschaut. Daher galt seine Aufmerksamkeit in der dritten Nachtwache der Kenntnis des Untergangs der verderbenbringenden Mächte. Und als er diese als Lust, Werden, Irrglauben und Nichtwissen identifizierte, hatte er die Aufhebung des Leidens erkannt. Das Vernichten jener Einflüsse als Grundlage der Befreiung aber war ihm die vierte Einsicht, das Erkennen der Wahrheit vom Weg zur Aufhebung des Leidens. Dies war sein Erwachen, und mit solcher Erkenntnis der Wahrheit hatte er die Wiedergeburt überwunden. Mit dem Ausbrechen aus dem Kreislauf von Werden und Vergehen hatte Gautama die Buddhaschaft erlangt:

„,Dies sind die Verderbnisse': Also erkannte ich in Wahrheit.
,Dies ist die Entstehung der Verderbnisse':
Also erkannte ich in Wahrheit.
,Dies ist die Aufhebung der Verderbnisse':
Also erkannte ich in Wahrheit.
,Dies ist der Weg zur Aufhebung der Verderbnisse':
Also erkannte ich in Wahrheit.

Indem ich also erkannte und also schaute,
wurde meine Seele erlöst vom Verderbnis der Lust,
und meine Seele wurde erlöst vom Verderbnis des Werdens,
und meine Seele wurde erlöst vom Verderbnis des Irrglaubens,
und meine Seele wurde erlöst vom Verderbnis des Nichtwissens.

Im Erlösten entstand die Erkenntnis:
Ich bin erlöst. Vernichtet ist die Geburt,
vollendet der heilige Wandel, erfüllt die Pflicht;
keine Rückkehr gibt es mehr zu dieser Welt:
Also erkannte ich."

Als der Buddha in den sieben folgenden Tagen seine erleuchteten Gedanken erwog, kam er zu dem Verständnis, daß nicht ein unveränderlicher Atman – ein unsterbliches Selbst, eine „Seele" – in verschiedenen Gestalten Tod und Geburt durchwandere, sondern daß vielmehr ein immerwährender Kreislauf des Werdens, ohne Anfang und ohne Ende, immer neue Gestalten hervorbringe. Kein beständiges Wesen verbinde die aufeinander folgenden Existenzen, sondern ein unaufhörliches Fließen, in dem ein vergängliches Wesen in ein anderes übergehe, und zwar abhängig vom Karman. Dieses aber ist die Gesetzmäßigkeit, nach der die Qualität des Wirkens im einen Dasein die Qualität des darauf folgenden bestimmt. Das ist die Lehre vom Bedingten Entstehen.

Während der zweiten Woche belehrte der Buddha einen vorbeiziehenden Brahmanen darüber, daß nicht die Geburt in einer entsprechenden Kaste, sondern allein das Überwinden des Schlechten in sich selbst den wahren Brahmanen ausmache. In der darauf folgenden Woche gingen unaufhörliche Regengüsse über den Buddha nieder. Kälte, Wind und Dunkelheit herrschten um ihn herum. Doch solche weltlichen Vorgänge vermochten einen Buddha nicht zu stören, denn Mucalinda, der König der Nagas – schlangengestaltiger Naturgeister – verließ seine in einem nahen Berg gelegene Wohnstatt, um den Erleuchteten vor Wind und Wasser zu schützen. Indem er seine Schlangengestalt siebenmal um den Körper des Erwachten wand und ihn mit der Haubenkrone seiner sieben Köpfe beschirmte, sprach er:

„Es möge für den Erhabenen nicht mit Kälte,
es möge für den Erhabenen nicht mit Hitze,
es möge für den Erhabenen nicht mit Bremsen, Mücken,
Wind, Gluthitze, Kriechtieren eine Berührung geben!“

(Mahavagga, nach Mylius)

Erst als nach sieben Tagen das Unwetter abbrach und der Schlangenkönig Mucalinda den klaren, wolkenfreien Himmel sah, löste er die Umschlingung um den Leib des

Buddha. Er verwandelte seine Gestalt in die eines Jünglings und erwies dem Erhabenen mit aneinandergelegten Händen Verehrung.

Der Buddha saß weitere sieben Tage mit gekreuzten Beinen und empfand das Glück der Loslösung von allen profanen Wünschen. Alsbald zog eine Handelskarawane vorüber, aus der die zwei jungen Kaufleute Trapusha und Bhallika vor Buddha hintraten und ihm beste Speise zur Stärkung darboten: Reisbrei und Honigkugeln. Von der Persönlichkeit des Erleuchteten überaus beeindruckt, baten sie ihn spontan, seine Schüler sein zu dürfen. Somit wurden sie seine ersten Laienanhänger.

Bislang hatte Gautama nicht daran gedacht, anderen seine Erkenntnisse mitzuteilen. Daß dies nicht geschehe, war im Sinne Maras, der noch einen letzten Versuch unternahm, die Gewalt über die Welt wiederzugewinnen. Er legte dem Buddha nahe, nun unmittelbar ins Nirvana, in den seligen Zustand der Erlöstheit, einzugehen, ohne der Welt seine Erkenntnis kundzutun. Und tatsächlich zweifelte der Buddha, ob seine Lehre verstanden würde:

„Unter Mühen habe ich die Lehre erkannt.
Was soll ich sie nun verkünden!
Von den in Leidenschaft und Sünde Verstrickten ist diese
Lehre nicht leicht zu begreifen.
Gegen den Strom gehend, werden die fein durchdachte, tiefe,
schwer zu erkennende, genau ausgearbeitete Lehre die von
Leidenschaft Befallenen nicht sehen,
die von tiefer Finsternis Umhüllten.“ *(Mahavagga, nach Mylius)*

Solchen Gedanken nachhängend, neigte sich das Gemüt des Erhabenen eher der Gleichgültigkeit zu als der Absicht, die Lehre zu verbreiten. Doch Brahma Svayampati, einer der mächtigsten Götter der himmlischen Welt, erschien mit der Schnelligkeit eines Pfeils vor Gautama und bat ihn, seine Lehre der Erlösung zu verkünden, selbst wenn nur wenige imstande sein sollten, sie zu erfassen.

„O Herr, der Erhabene möge die Lehre verkünden;
der da richtig gegangen ist, möge die Lehre verkünden.
Es gibt nämlich Wesen, die wenig Befleckung des
Charakters aufweisen;
wenn sie die Lehre nicht hören, werden sie untergehen;
sie werden die Lehre verstehen.“ *(Mahavagga, nach Mylius)*

Die Begegnung mit den fünf einstigen Mitasketen und die erste Lehrrede

Mit der Erleuchtung unter dem Feigenbaum bei Urubilva, in der Nähe des heutigen Bodhgaya, war der Sramana Gautama zum „Buddha" geworden und hatte die das Rad des Werdens und Vergehens in Gang haltenden Grundübel Gier, Haß und Unwissenheit in sich ausgelöscht. Damit war er selbst aus dem Samsara, dem Wiedergeburtenkreislauf, erlöst: Er hatte das Verlöschen – Nirvana – zu Lebzeiten erreicht. Jedoch war die Zeit für sein physisches Verlöschen noch nicht reif, denn auf das Drängen des Brahma Svayampati hin faßte er den Entschluß, seine Erkenntnisse jenen, die hören wollen, mitzuteilen. Als er nämlich sein Buddhaauge über die Welten schweifen ließ, erblickte er Wesen, denen wenig Unreinheit und solche, denen viel Unreinheit anhaftete, von scharfen und von stumpfen Sinnen, von guter und von böser Art, leicht und schwer zu unterweisen, als auch manche, die für die Gefahren des Jenseits und der Sünde ein offenes Auge hatten.

Als der Buddha all dies sah, sprach er daher:

„Der Ewigkeit Tor, es sei jedem aufgetan,
der Ohren hat.
Mag sich denn Glaube regen!
Vergebliche Mühe zu meiden hab' ich
das edle Wort noch nicht der Welt verkündet."

Als der junge Buddha darüber nachdachte, wem er seine Einsichten zuerst darlegen sollte, fielen ihm seine ehemaligen Lehrer Arada Kalapa und Udraka Ramaputra sowie die fünf Mitasketen von einst ein. Die alten Lehrer jedoch waren nur wenige Tage zuvor verschieden. Jene aber, die zur Zeit seiner selbstquälerischen Askese zeitweilig seine Gefährten gewesen waren, meditierten in einem Wildpark in Isipatana, im heutigen Sarnath bei Benares.

Aus diesem Grunde begab sich der Buddha auf den Weg zu jenem Ort in der Nähe der Ganga. Bevor er dort anlangte, begegnete der Erhabene einem asketischen Sramanen namens Upaka, der ob der heiteren Ruhe in der Ausstrahlung des Erleuchteten beeindruckt fragte:

„Hell, Freund, ist deiner Züge Ausdruck.
Rein und klar ist deine Farbe.
Wem folgend, Lieber, hast du das Weltleben verlassen?
Wer ist dein Meister? Wessen Lehre bekennst du?"

Der Buddha entgegnete dem Wanderasketen mit folgenden Worten:

„Allüberwindend bin ich und allwissend;
von allem, was da ist, bin unbefleckt ich,
allosgelöst, befreit durch Durstvernichtung,
Erkenner bin ich selbst – wem sollte ich folgen?

Mein Lehrer kann niemand heißen;
meinesgleichen nicht findet man.
An Hoheit kommt mir gleich niemand
hienieden und im Götterreich.

Denn ich bin in der Welt heilig,
ein Meister, über den nichts geht,
höchster Buddha allein, weile ich
in des Nirvana kühlem Reich.

Auf daß der Lehre Rad sich drehe,
ziehe ich hin zur Stadt der Kasi.
In dieser blinden Welt rühr' ich
die Trommel der Unsterblichkeit."

Mit erstauntem Blick lauschte Upaka den Worten des Erhabenen und fragte ihn:

„So behauptest du, mein Lieber, daß
du der Heilige, der unendlich Siegreiche bist?"

„Siegreiche sind die Wesen meinesgleichen,
die die üblen Neigungen ausgelöscht haben.
Alles Böse habe ich besiegt:
Sieger heiß ich darum, o Upaka."

Der Sramana schüttelte verständnislos sein Haupt, sagte nur „Das mag so sein, mein Freund!", schlug eine andere Richtung ein als jene, die der Erleuchtete nahm, und ging allein seiner Wege. Gautama Buddha aber wanderte von Ort zu Ort, bis er schließlich das Ufer des großen Stromes Ganga erreichte, dessen Hochwasserfluten zu der Zeit mächtig strömten. Er mußte sie überqueren, um nach Isipatana zu gelangen.

Als der Fährmann, an den sich der Erleuchtete mit der Bitte, ihn überzusetzen, gewandt hatte, um seinen Fährlohn nachsuchte, antwortete Buddha ihm, daß er kein Geld habe. Ohne Bezahlung war der Fährmann jedoch nicht bereit, ihn zum anderen Ufer zu bringen. Daher schritt der Erhabene schwebend über die Fluten hinweg ans gegenüberliegende Gestade. Dieser Anblick erfüllte den einfachen Bootsmann mit großer Reue.

Schließlich näherte der Buddha sich dem Gazellenhain von Isipatana, wo seine fünf einstigen Gefährten meditierten. Bereits aus der Ferne erblickten sie sein Kommen, doch waren sie durchaus nicht erfreut, als Gautama auf sie zuschritt. Daß er seinerzeit das Fasten und die Kasteiung aufgegeben hatte, ließ sie glauben, er habe sich einem Leben der Völlerei hingegeben. Aus diesem Grund beschlossen sie, dem scheinbar Abtrünnigen die kalte Schulter zu zeigen und ihm kein ehrenvolles oder höfliches Willkommen zu bereiten. Doch je mehr Gautama Buddha sich ihnen näherte, desto unruhiger wurden sie in ihrem gleichgültigen Abwarten. Immer stärker wurden sie von der strahlenden Persönlichkeit des Erlösten beeindruckt. Als ob ihre ursprüngliche Absicht nie eine andere gewesen wäre, erhoben sie sich vor ihm, grüßten ihn respektvoll, nahmen ihm Bettelschale und Gewand ab, holten ihm einen Sitz herbei und reichten ihm Wasser zum Waschen der Füße. Während der Erhabene sich auf dem ihm angebotenen, im Schatten etwas erhöht plazierten Sitz niederließ, ermahnte er die fünf:

„Sprecht nicht, ihr Mönche, den Vollendeten mit seinem Namen an und redet ihn nicht an ‚mein Freund'.
Der Vollendete, ihr Mönche, ist der heilige, höchste Buddha.

Tut euer Ohr auf, ihr Mönche:
Die Erlösung vom Tode ist gefunden.
Ich unterweise euch; ich predige euch die Lehre.

Wenn ihr nach meiner Unterweisung wandelt,
so werdet ihr über ein Kleines
das, um dessen willen edle Jünglinge ganz und gar von der Heimat lassen und in die Heimatlosigkeit gehen,
diese höchste Vollendung heiligen Wandels unter Erschauen der Lehre selbst erkennen,
sie von Angesicht zu Angesicht sehen und darin verweilen."

So schnell aber wurden die fünf ehemaligen Gefährten, die asketisch lebenden Mönche, nicht von ihren Zweifeln befreit und fragten den Erhabenen:

„Durch jenen Wandel, lieber Gautama, durch jene Übungen, durch jene Kasteiungen
hast du nicht die übermenschliche Vollkommenheit, die volle Herrlichkeit edlen Wissens und Schauens erreichen können.
Wie willst du denn jetzt, wo du im Überfluß lebst, dem geistlichen Streben untreu geworden bist, dem Überfluß dich zugewandt hast,

die übermenschliche Vollkommenheit erreichen, die volle Herrlichkeit edlen Wissens und Schauens?“

Auf ihre zweiflerischen Worte entgegnete der Buddha den fünf Mönchen:

„Der Vollendete, ihr Mönche, lebt nicht im Überfluß,
ist nicht dem geistlichen Streben untreu geworden,
hat sich nicht dem Überfluß zugewandt.
Der Vollendete, ihr Mönche, ist der heilige, höchste Buddha.

Tut euer Ohr auf, ihr Mönche:
Die Erlösung vom Tode ist gefunden.
Ich unterweise euch; ich predige euch die Lehre.“

Der Buddha wird aufgefordert, seine Lehre darzulegen

Der Körper des Vollendeten strahlte auf einmal einen wundervollen Glanz aus, der all die unzähligen Welten von einem herrlichen Schein erfüllen ließ. Tief verbeugten sich die fünf Mönche nun vor dem Buddha und ließen sich zu seinen Füßen nieder. Das Licht von Sonne oder Mond oder der strahlenden Gottheiten hob sich nicht mehr vom Glanz des Buddha ab. Die Wesen aller Daseinsbereiche, gleich ob sie in den Höllen wohnten, der Tierwelt angehörten oder zu den Hungergeistern zählten, waren in diesem Augenblick von ihren Qualen erlöst und von Glücksgefühlen erfüllt. Niemanden bedrängte Leidenschaft, Haß oder Verblendung, alle Eifersucht, aller Neid und Stolz, Wut, Erregtheit und Ärger waren vergangen. Aus allen Himmelsrichtungen strömten die unzähligen Bodhisattvas herbei, fielen dem Vollendeten zu Füßen und baten ihn:

„Setze, o Erhabener, das Rad der Lehre in Bewegung!
Zum Nutzen der Menschen und zum Wohl der Götter,
zum Heil und zum Glück aller leidenden Wesen!"

Verharrte der Erhabene in der ersten Nachtwache dieses Tages noch schweigend, eröffnete er in der zweiten bereits ein erbauliches Gespräch. In der dritten aber wandte er sich feierlich an die edlen fünf Mönche und verkündete ihnen seine Erkenntnis. Also setzte der Buddha das Rad der Lehre in Bewegung und begann, den Sramanas im Gazellenhain von Isipatana die „Vier Edlen Wahrheiten" darzulegen.

Als der Vollendete erkannte, daß die fünf Sramanas, die ihm wohl ehrfürchtig lauschten, noch immer Zweifel hegten, ob ihr einstiger Gefährte tatsächlich den Weg zur Erlösung gefunden habe, berührte er ein weiteres Mal mit seiner rechten Hand die Erde und beschwor sie als Zeugin. Diesmal aber war es nicht die Erdgöttin, die für ihn und sein Erwachen Zeugnis ablegte, sondern die Götter Brahman und Indra traten vor ihn hin. Brahman hielt dem Buddha sein Symbol, das Goldene Rad, entgegen und forderte den Meister erneut auf, das Rad der Lehre in Bewegung zu setzen und Göttern und Menschen den Dharma darzulegen. Indra hingegen erhob sein Muschelhorn zum Zeichen dafür, daß die Welt bereit sei, der Heilsbotschaft des Erleuchteten zu lauschen.

„Tut euer Ohr auf, ihr Mönche:
Die Erlösung vom Tode ist gefunden.
Ich unterweise euch; ich predige euch die Lehre.

Zwei Enden gibt es, ihr Mönche,
denen muß, wer dem Weltleben entsagt, fern bleiben.
Welche zwei sind das?
Hier ist das Leben in Lüsten,
der Lust und dem Genuß ergeben:
Das ist niedrig, gemein, ungeistlich, unedel, nicht
zum Ziele führend.
Dort ist die Übung der Selbstquälerei:
Die ist leidenreich, unedel, nicht zum Ziele führend.
Von diesen beiden Enden, ihr Mönche, sich fernhaltend, hat
der Vollendete den Weg, der in der Mitte liegt, entdeckt,
der Blick schafft und Erkenntnis schafft,
der zum Frieden, zum Erkennen, zur Erleuchtung,
zum Nirvana führt.

Und was, ihr Mönche, ist dieser vom Vollendeten
entdeckte Weg, der in der Mitte liegt, der Blick schafft
und Erkenntnis schafft,
der zum Frieden, zum Erkennen, zur Erleuchtung,
zum Nirvana führt?
Es ist dieser edle achtteilige Pfad."

Mit Ehrfurcht nahmen die Mönche die Worte auf, mit denen der Buddha ihnen die Bedeutung des von ihm erkannten mittleren Weges veranschaulichte. Er erläuterte ihnen, daß die beiden extremen Pfade – jener der Hingabe an die Sinnenlüste, aber auch jener der Kasteiung, der sie sich gemeinsam ergeben hatten – nicht zum Ziele führten, weil alle Extreme die Erkenntnis der vier edlen Wahrheiten behinderten.

„Dies, ihr Mönche, ist die *edle Wahrheit vom Leiden:*
Geburt ist Leiden, Alter ist Leiden, Krankheit ist Leiden, Tod

ist Leiden, mit Unliebem vereint sein ist Leiden, von Liebem getrennt sein ist Leiden, nicht erlangen, was man begehrt, ist Leiden.
Kurz, die fünferlei Objekte des Ergreifens, die das leiblich-geistige Dasein ausmachen, sind Leiden.

Dies, ihr Mönche, ist die *edle Wahrheit von der Entstehung des Leidens:*
Es ist der Durst, der zur Wiedergeburt führt, samt Freude und Begier, hier und dort seine Freude findend: der Lüstedurst, der Werdedurst, der Vergänglichkeitsdurst.

Dies, ihr Mönche, ist die *edle Wahrheit von der Aufhebung des Leidens:*
die Aufhebung dieses Durstes durch restlose Vernichtung des Begehrens, ihn fahren lassen, sich seiner entäußern, sich von ihm lösen, ihm keine Stätte gewähren.

Dies, ihr Mönche, ist die *edle Wahrheit vom Wege zur Aufhebung des Leidens:*
Es ist der edle achtteilige Pfad, der da heißt: rechtes Glauben, rechtes Entschließen, rechtes Wort, rechte Tat, rechtes Leben, rechtes Streben, rechtes Gedenken, rechtes Sichversenken."

Anschließend erklärte der Buddha seinen Jüngern, warum die Körperlichkeit nicht das Selbst ist, sondern ein Nichtselbst. Und auch die Empfindungen, die Vorstellungen, die Gestaltungen und das Erkennen sind nicht das Selbst, weshalb sich der edle Hörer der Lehre, der sich von ihnen abwendet, auf diese Weise vom Begehren befreit und dadurch zur Erlösung gelangt:

„Im Erlösten entsteht die Erkenntnis: Ich bin erlöst.
Vernichtet ist die Geburt,

vollendet der heilige Wandel, erfüllt die Pflicht;
keine Rückkehr gibt es mehr zu dieser Welt:
Also erkennt er."

Nach dieser ersten Lehrrede des Erhabenen, die von den fünf Bettelmönchen mit großer Freude angenommen wurde, ließ ihr Geist von der Anhaftung an das Dasein ab, und sie wurden von aller Verderbnis erlöst.

Mit diesem Geschehnis hatte der Buddha das Rad der Lehre, wie das Weisen des Weges zur Erleuchtung genannt wird, zu seiner ersten Drehung in Bewegung gesetzt.

Das Ordensoberhaupt: Aufbau der Gemeinde

Dreimal, so berichten die Schriften, sprach der Buddha zu den fünf Asketen über die Vier Wahrheiten und setzte das Rad der Lehre auf zwölf verschiedene Arten in Bewegung. Es war Ajnata Kaundinya, der den Sinn der Lehre als erster erfaßte. Frei von aller Verblendung und Unreinheit ging ihm der Wahrheitsblick auf, und er begriff:

„Was immer dem Gesetz des Entstehens untertan ist,
all das ist auch dem Gesetz des Vergehens untertan."

Durch Belehrung war Ajnata zur Erleuchtung gekommen. Damit erlangte er die Arhatschaft. Als aus den himmlischen Welten, wo die Verkündigung der Lehre gefeiert wurde, Beifallsrufe erklangen, rief der Buddha aus:

„Wahrlich, Kaundinya hat erkannt!
Wahrlich, Kaundinya hat erkannt!"

Auf diese Weise erhielt Ajnata den Beinamen Kaundinya, der Erkenner. Nachdem er die Wahrheit geschaut, so zur Wahrheit gelangte, die Wahrheit verstand, die Wahrheit durchdrang, allen Zweifel überwand und dem Schwanken entrann, um damit der vollen Kundigkeit teilhaftig zu werden, erklärte er sich zu einem Jünger Gautamas und wurde von diesem als Mönch angenommen.

„Tritt heran, o Mönch!“ sprach der Erhabene.
„Wohl verkündet ist die Lehre.
Wandle in Heiligkeit,
allem Leiden ein Ende zu bereiten.“

Daraufhin keimte der Pfad der Erleuchtung auch im Geist der vier anderen Hörer. Buddha wandte sich ihnen erneut zu und predigte davon, daß weder die Körperlichkeit das Selbst ist, da sie sonst nicht der Krankheit unterworfen sein könne, noch die Empfindungen, die Vorstellungen, die Gestaltungen oder das Erkennen. Wieder sprach er davon, daß all diese unbeständig und daher ein Nichtselbst sind, und voller Freude nahmen Baspa, Bhadrika, Mahanaman und Ashvajit die Worte des Erhabenen auf. Bald darauf ließen auch sie sich als Mönche Buddhas ordinieren. Zum Ende der Lehrrede waren die Herzen der fünf Mönche nicht mehr mit dem Dasein und den unheilvollen Einströmungen auf den Geist verhaftet. Als sie von ihrer Existenz abließen, wurden sie erlöst. Nun waren sechs Heilige in der Welt: die fünf Arhats und der Vollendete selbst.

Die Bekehrung der fünf Sramanas zum Dharma kennzeichnet nicht nur das Ingangsetzen des Rades der Lehre, sondern auch den Beginn der Ordensgründung durch den einstigen Königssohn Siddhartha, der der Welt entsagt und nach einer langen und beschwerlichen Suche den Weg zur Erlösung gefunden und verkündet hatte. Mit der Ordination von Kaundinya, Baspa, Bhadrika, Mahanaman und Ashvajit zu Mönchen, als Anhänger seiner Schule, war Gautama Buddha zum Oberhaupt eines geistlichen Ordens geworden.

Nach seinen fünf einstigen Mitasketen bekehrte der Buddha Shakyamuni zunächst den reichen Jüngling Yasha. Als Sohn eines wohlhabenden Gildemeisters aus Benares lebte er in einem Luxus, wie ihn sonst nur ein Königssohn genießen konnte. Er war umgeben von einer großen Zahl von Palastdienerinnen, Musikantinnen und schönen Tänzerinnen, und wurde dennoch von großer Schwermut heimgesucht. Wie einst Siddhartha, der Prinz, erwachte auch Yasha eines Nachts im Kreise seiner schlafenden Frauen, und wie er über sie hinwegblickte, boten die Götter sie ihm in einem überaus abstoßenden Anblick dar. Dies veranlaßte ihn, über die Verwerflichkeit der geschlechtlichen Liebe nachzusinnen, und er durchschaute, daß die Sinnenfreuden in all ihren Formen ein Zeichen der Unwissenheit waren. Als habe er das Bild eines Leichenackers vor sich, überkam Yasha großes Mitgefühl. Er erhob sich von seinem Lager, kleidete sich an, streifte seinen Füßen ein Paar mit Juwelen geschmückte Sandalen über, und mit dem Ruf „Ich bin bedrückt, o ihr Herren, ich bin betrübt!“ verließ er sein Haus. Am Ufer des Flusses Baraka rief der Buddha ihn zu sich und belehrte ihn umfassend.

Der Vater des Jünglings, der den Spuren der wertvollen Sandalen gefolgt war, wurde zum Laienanhänger bekehrt. Mit der Verkündigung, daß einer, der sich von der Welt abgewandt hat, nicht zu dieser zurückkehren könne, nahm der Buddha Yasha in den Orden auf. So wurde Yasha zum sechsten Jünger des Erhabenen. Und als seine Freunde mit ansahen, wie sich Yasha in kurzer Zeit von Grund auf änderte, schlugen vier unter ihnen ebenfalls den Weg eines Sramanen ein, der allen Besitz hinter sich läßt. Daraufhin entschlossen sich weitere junge Männer aus Benares, fünfzig an der Zahl, dem Gautama Buddha nachzufolgen. Zu ihnen sprach er:

„Zieht aus und wandert zum Heil vieler,
zur Freude vieler, aus Mitleid mit der Welt,
zum Segen, zum Heil, zur Freude der Götter und Menschen.

Geht nicht zu zweit denselben Weg.
Legt die Lehre dar, die am Anfang, in der Mitte und
am Ende beglückend ist.
Es gibt Wesen, die unbefleckt vom Schmutz des
Weltlichen sind.
Hören sie die Darlegung nicht, dann gehen sie zugrunde.
Sie werden die Lehre verstehen.“ *(Zotz)*

Daraufhin nahm der Buddha seine Wanderschaft wieder auf, um zum Ort seiner Erleuchtung zurückzukehren. An den Ufern des Flusses Nairanjana, wo er einst in langer Selbstkasteiung verweilt hatte, lebten drei Gebrüder, die hochangesehene brahmanische Flechthaar-Asketen waren. In Urubilva wohnte Kashyapa, der das Feueropfer

beherrschte. Fünfhundert Schüler waren in seinem Gefolge, während sein weiter flußabwärts lehrender Bruder Nadi-Kashyapa derer dreihundert hatte. Ein dritter Bruder unterwies im nahen Gaya zweihundert Anhänger und wurde daher Gaya-Kashyapa geheißen. Ihnen, die bei allen Leuten der Umgebung als Heilige hoch im Ansehen standen, beschloß Gautama, die erhabene Lehre zu verkünden.

Als der Buddha bei Kashyapa anlangte, erwiesen sich beide alle Ehre. Der Erhabene erbat sich einen Platz im Feuertempel des Kashyapa, um dort die Nacht zu verbringen, doch warnte ihn dieser vor einem großen Giftdrachen, der darin hause. Der Erhabene unterwarf dieses furchtbare Geschöpf jedoch, so wie er noch zahlreiche andere Wunder vollbrachte. Dennoch fühlte sich Kashyapa Buddha noch immer überlegen, war er doch ebenfalls ein Asket, der über große übernatürliche Kraft und Autorität verfügte. In Wettkämpfen, die die beiden miteinander austrugen, wurde immer wieder die Stärke und Einzigartigkeit des Buddha Shakyamuni offenbar. Nach der Überwindung von feuerspeienden Schlangen, deren ausgespucktes Feuer er zunächst mit Hilfe seiner übernatürlichen Kraft vertrieb, entfachte er wiederum 1500 Opferfeuer und erschuf in der kalten Jahreszeit Feueröfen. Schließlich sprach der Erhabene:

„O Kashyapa, weder bist du ein Heiliger,
noch bist du im Begriff, ein solcher zu werden.
Ja, du kennst nicht einmal den Weg, der zur Heiligkeit führt!"

Als der Buddha nach all diesen Wundern die religiöse Autorität des Kashyapa auch noch in Worten in Frage stellte, warf sich dieser ihm zu Füßen und bat ihn, zusammen mit seinen fünfhundert Anhängern, um Aufnahme in seinen Orden. Ihr neuer Lehrer gewährte ihnen die Erfüllung ihrer Bitte, und so schoren sich die Flechthaar-Asketen ihr Haupthaar und warfen es zusammen mit den Kultgegenständen ins Wasser des Flusses. Stromabwärts kam all das dem Bruder Nadi-Kasyhapa und dessen Anhängern vor die Augen und löste große Unruhe unter ihnen aus. Als sie von den Ereignissen um Kashyapa hörten, wendeten sie sich gleichfalls dem

Buddha zu, wie sich danach auch Gaya-Kashyapa und die ihn umgebenden Asketen bekehrten.

Eintausend Jünger hatten sich inzwischen um den Buddha versammelt, und da die Mehrzahl von ihnen bis dahin dem Feuerkult ergeben war, unterwies er sie auf dem Gayashirsha-Berg, nahe dem Ort seiner Erleuchtung, mit der sogenannten „Feuerpredigt“:

„Alles, ihr Mönche, steht in Flammen? Und was alles,
ihr Mönche, steht in Flammen?

Das Auge, ihr Mönche, steht in Flammen. Die sichtbaren Dinge stehen in Flammen. Das Erkennen vermöge des Auges steht in Flammen. Die Berührung des Auges mit sichtbaren Dingen steht in Flammen. Das Empfinden, das infolge der Berührung des Auges mit dem Sichtbaren entsteht, sei es Freude, sei es Schmerz, sei es nicht Schmerz noch Freude: Auch dies steht in Flammen.

Wodurch ist es entflammt? Durch der Begierde Feuer, durch des Hasses Feuer, durch der Verblendung Feuer ist es entflammt, durch Geburt, Alter, Tod, Schmerz, Klagen, Leid, Kümmernis und Verzweiflung ist es entflammt: Also sage ich.“

Wie Gautama Buddha in seiner Rede fortfuhr, brachte er all die Sinneswahrnehmungen des Menschen mit dem Brennen der Begierde, des Hasses und der Verblendung in Verbindung. Die Worte, mit welchen er endete, erlösten die Seelen der tausend Mönche von aller Verderbnis:

„Wer es also ansieht, ihr Mönche, ein weiser, edler Hörer des Wortes, wendet sich ab vom Auge, wendet sich ab vom Sichtbaren, wendet sich ab vom Erkennen vermöge des Auges, wendet sich ab von der Berührung des Auges mit dem Sichtbaren, wendet sich ab vom Empfinden, das infolge der Berührung des Auges mit dem Sichtbaren entsteht, sei es Freude, sei es Schmerz, sei es nicht Schmerz noch Freude.

Und in gleicher Weise verfährt er mit den übrigen Sinnen und dem mit ihnen und durch sie Erlebten, Erkannten und Empfundenen.

Indem er sich davon abwendet, wird er frei von Begehren. Durch Freiheit von Begehren wird er erlöst. Im Erlösten entsteht die Erkenntnis: Ich bin erlöst. Vernichtet ist die Geburt, vollendet der heilige Wandel, erfüllt die Pflicht; keine Rückkehr gibt es mehr zu dieser Welt: Also erkennt er."

Die anschauliche Sprache und der Sinnreichtum der Lehren Buddhas zogen Mönche und Laienanhänger in großer Zahl an. Inzwischen hatte sich die Kunde von Gautama als einem großen, überzeugenden Lehrmeister, der die berühmtesten Brahmanen für sich gewann, bis Rajagriha, der Hauptstadt des Reiches Magadha, verbreitet. Dorthin zog der Buddha mit seinen Anhängern weiter. Der Magadha-König Bimbisara ging, begleitet von einer großen Schar seiner Untertanen, dem Zug der Bettelmönche entgegen. Als beim Anblick von Gautama und Kashyapa unklar war, wer von beiden nun der Meister sei und wer der Schüler, schuf Kashyapa durch eine tiefe Verbeugung vor dem Buddha Klarheit und schilderte, wie er den Feuerkult aufgegeben und sich der Reinen Lehre zugewandt hatte.

Als der Buddha daraufhin dem König und der um ihn versammelten Menge die Lehre verkündete, erhob sich Bimbisara und bekannte sich zu ihr. Damit wurde er zum ersten königlichen Laienanhänger. Außerdem lud er den Erleuchteten zu einem Essen in den Palast ein und stiftete der Mönchsgemeinde den Bambushain bei Rajagriha. Der Buddha nahm dieses Geschenk an, und der Hain wurde zur Grundlage des ersten Tempels, den der buddhistische Orden besaß.

In Rajagriha hielt sich in jener Zeit auch der Sramana Samjayin Vairatiputra auf, begleitet von über zweihundert Wandermönchen. Unter diesen waren Samjayins Jünger Shariputra und Maudgalyayana, die unter sich vereinbart hatten, daß derjenige, der als erster den Weg zur Erlösung finde, es dem anderen mitteilen würde. Als eines Tages Ashvajit, einer der ersten fünf Jünger Buddhas, in der Hauptstadt auf Almosengang war, begegnete er Shariputra, dem die ehrwürdige Haltung des Mönches auffiel. Daher fragte er ihn:

„Hell, Freund, ist deiner Züge Ausdruck.
Rein und klar ist deine Farbe.
In wessen Nachfolge, Freund, hast du das Weltleben verlassen?
Wer ist dein Meister? Wessen Lehre bekennst du?“

Ashvajit entgegnete ihm daraufhin:

„Es ist der große Asket, o Freund,
Shakyamuni, der aus dem Hause Shakya kommend die Welt verlassen hat.
Ihm, dem Erhabenen, folgend habe ich die Welt verlassen.
Er, der Erhabene, ist mein Meister.
Seine, des Erhabenen Lehre, bekenne ich.“

Als Shariputra ihn bat, mit der Lehre bekannt gemacht zu werden, konnte er ihm nur die Grundzüge derselben umreißen, da er, wie Ashvajit betonte, erst vor kurzem zur Lehre gekommen und sie daher noch nicht zu verkünden imstande sei. Dennoch schaute der Wandermönch Shariputra, als er das Wort der Lehre vernahm, die Wahrheit, frei von Verblendung und Unreinheit, und er erkannte, daß all das, was dem Gesetz des Entstehens unterworfen ist, auch dem Gesetz des Vergehens anheim fallen muß. In der Gewißheit, den Weg zur Erlösung gewiesen bekommen zu haben, machte er sich auf, seinen Mitasketen Maudgalyayana zu suchen, auf den die Kunde von der Wahrheit dieselbe Wirkung hatte, wie schon die Worte Ashvajits auf Shariputra.

Die beiden Wandermönche Shariputra und Maudgalyayana beschlossen daher, der Lehre Buddhas zu folgen, und traten vor ihren Meister Samjayin mit den Worten:

„Wir wollen gehen, Freund, und vor den Erhabenen treten.
Er, der Erhabene, ist unser Meister."

Trotz wiederholter Bitten Sanjayins, nicht von ihm fortzugehen, trotz seines Angebots, die Führung seiner Anhängerschaft mit ihnen beiden zu teilen, verließen sie ihn zusammen mit all den anderen Wandermönchen und traten vor den Buddha. Dieser erkannte, als er sie kommen sah, kraft seines göttlichen Auges, daß sie ein ausgezeichnetes Schülerpaar seien, ja ein ‚Paar des Segens'. Er verlieh Shariputra und Maudgalyayana unverzüglich die höheren Weihen:

„Kommt her, ihr Mönche!
Wohl verkündet ist die Lehre. Wandelt in Heiligkeit,
allem Leben ein Ende zu bereiten!“

Der Asket Samjayin aber, der frühere Meister der beiden und einer großen Schar von Sramanas, war über den Fortgang seiner gesamten Anhängerschaft derart betrübt, daß ein heißer Blutstrom aus seinem Munde strömte und er schon bald aus dem Leben schied.

Im Laufe der Zeit verließen immer mehr Männer im Reich Magadha ihr Heim, und die Zahl der Jünger Buddhas wuchs immer schneller. Darüber entstand Unmut in der Bevölkerung, und man murrte, der Mönch Gautama sei darauf aus, die Väter des Landes ihrer Söhne zu berauben, die Frauen zu Witwen zu machen und so den Untergang der Geschlechter heraufzubeschwören. Da Buddha all den geachteten Asketen ihre Anhängerschaft abspenstig machte, wurden seine Mönche mit Spottversen besungen:

„Es kam der große Wandermönch zu Magadhas Bergesstadt.
Alle Jünger des Samjayin führt’ er hinweg.
Wen er wohl als nächstes hinwegführen wird?“

Den Mönchen, die dem Erhabenen darüber Bericht erstatteten, trug er auf, den Vers auf gleiche Art zu erwidern, und zwar mit den Worten:

„Nur durch der Wahrheit Macht führt der Vollendete.
Wer könnte die Erkennenden tadeln, die ergeben dem Wort
folgen?“

Wie der Buddha es seinen Mönchen voraussagte, verstummten die entrüsteten Stimmen im Volk nach sieben Tagen. Die Leute erkannten nämlich bald, daß er die Menschen durch die Wahrheit anführte.

Nach und nach erhielt die Mönchsgemeinde das Patronat zahlreicher Könige, und die Zahl ihrer Anhänger wuchs unaufhörlich weiter. Dennoch blieb Buddha auch als Oberhaupt eines Mönchsordens dem Brauch des Almosensammelns treu. Neben seinen überzeugenden Unterrichtungen dienten von ihm vollbrachte Wunder dazu, den Menschen die Kraft seiner Lehre vor Augen zu führen. Tausende von Einwohnern der Stadt Shravasti, die ihn als Lichterscheinung über ihren Häuptern schweben sahen, bekehrten sich mit einem Mal zur Lehre des Erhabenen und folgten ihm nach.

Der Buddha beim Almosengang: Die Predigerzeit in der Heimat

Während sich der Buddha in Rajagriha aufhielt, hörte auch Gautamas Vater Suddhodhana von den Predigten seines Sohnes und von dem großen Erfolg der neuen Lehre. Aus diesem Grund sandte der König einen seiner Hofbeamten in Begleitung von eintausend Mann in die Hauptstadt von Magadha, um den Sohn nach Hause einzuladen. Als jedoch die Abgesandten des Königs die Belehrungen des Erhabenen hörten, wurden sie sogleich bekehrt und verblieben in der Gemeinde der Buddha-Anhänger. Dem Dasein gegenüber gleichmütig geworden, gaben sie die Einladung Suddhodhanas nicht weiter. Noch neun Mal wiederholte sich das gleiche, wenn immer der König Hofbeamte zum Buddha entsandte. Erst als Kaludayin, ein Beamtensohn, der am selben Tage wie Siddhartha Gautama geboren und mit diesem aufgewachsen war, selbst nach Rajagriha reiste, erreichte die Einladung den Erhabenen.

Begleitet von einer großen Zahl von Arhats machte er

sich bald auf den Weg nach Kapilavastu, die Hauptstadt seiner alten Heimat und Herrschaftssitz seines Vaters. König Suddhodhana verneigte sich vor seinem Sohn, nachdem er diesen aufgrund der von ihm vollführten Wunder als den Vornehmeren erkannt hatte. In einem heftigen Regen, den der Vollendete herniederprasseln ließ, wurden nur jene naß, die naß zu werden wünschten. Zu diesem Anlaß hielt der Buddha seine erste Predigt in Kapilavastu, die jedoch noch nicht die Herzen der Menschen erreichte. Niemand bat ihn auch nur zu einer Mahlzeit ins Haus. Aus diesem Grund ging Gautama am nächsten Tag zum Almosensammeln in die Stadt, in der er seine Jugend als Prinz verlebt hatte. Das erregte großes Aufsehen unter den Bewohnern und den Unwillen des Vaters, für den die Rückkehr des Sohnes nicht der erwartete Triumph wurde. Er wies ihn daher mit der Begründung zurecht, daß seit der Zeit des ersten Königs niemand ihrer Ahnen je betteln gegangen sei. Der Erhabene jedoch bezeichnete die vorangegangenen Buddhas als seine wahren Vorfahren: Diese aber hätten sich ihren Unterhalt nur durch das Sammeln von Almosen verdient, und daher sollte sich Suddhodhana zum heiligen Tugendwandel bekehren und die Mönchsgemeinde unterstützen. Tatsächlich änderte der König seine Gesinnung und wurde für die Lehre der Vier Edlen Wahrheiten zugänglich.

Yasodhara, die Gattin des einstigen Prinzen Siddhartha, war nicht zu dessen Empfang erschienen. Statt dessen sandte sie den Knaben Rahula, ihren gemeinsamen Sohn, zu ihm. Er sollte den als Asket lebenden Vater um sein Erbteil als Prinz bitten. Gautama Buddha indes belehrte ihn darüber, daß das materielle Erbe nur Wiedergeburt mit sich bringe und Leiden verursache, und erteilte seinem Jünger Shariputra den Auftrag, Rahula die niedere Weihe zu erteilen. Als dieser den Vollendeten fragte, wie er denn dem Knaben die niederen Weihen zu geben habe, predigte er zu seinem Gefolge und sprach:

„Ich ordne an, ihr Mönche, die Novizenweihe
durch das dreifache Nehmen der Zuflucht.
Zuerst befiehlt man dem Aufzunehmenden,
sich Haar und Bart scheren zu lassen,
die gelben Gewänder anzulegen,
die eine Schulter vom Obergewand zu entblößen,
die Füße der Mönche zu verehren, niederzukauern
und die zusammengelegten Hände zu erheben.

Dann soll er dreimal sprechen:
Ich nehme meine Zuflucht beim Buddha.
Ich nehme meine Zuflucht bei der Lehre.
Ich nehme meine Zuflucht bei der Gemeinde."

Nachdem Shariputra dem Knaben Rahula die niederen Weihen dergestalt erteilt hatte, wurde der Buddha von König Suddhodhana aufgesucht, der ihn ehrfurchtsvoll darum bat, daß diese Weihen einem Sohn niemals ohne Erlaubnis von Vater und Mutter gegeben werden dürften, da dies sonst großes Leid verursachen würde. Mit Verständnis für dieses Anliegen wies der Erhabene seine

Mönche an, daß kein Novize ohne die Zustimmung seiner Eltern in den Orden aufgenommen werden soll.

Der Buddha unterließ es nicht, auch seine Gattin Yasodhara aufzusuchen, da sie selbst ihm ihre Aufwartung nicht machte. Sobald er eintrat und sie ihn sah, fiel sie vor ihm auf die Knie nieder und betete ihn an. Da auch sie die Lehre annahm, begründete sie später zusammen mit Prajapati einen Nonnenorden. Zuvor noch hatte der Buddha seinem Freund Ananda die Lehre dargelegt. Dieser stand damals gerade vor seiner Vermählung. Gautama überreichte ihm eine Bettelschale und gewann ihn für die Überzeugung, daß das größte Fest des Lebens nicht jenes der Hochzeit sei, sondern jenes des Mönches, der das Nirvana erreicht hat. Mit ihm trat auch Devadatta, der Vetter Buddhas, in den Orden ein. Ananda wurde im Laufe der Zeit sein treuester Jünger.

Als König Suddhodhana starb, suchte seine Gattin Prajapati, die Pflegemutter des früheren Prinzen Siddhartha, den Buddha auf und bat darum, als seine Schülerin in die Hauslosigkeit zu ziehen. Dieser lehnte ihr dreimal vorgetragenes Ansinnen allerdings jedesmal ab. So schuf Prajapati vollendete Tatsachen, indem sie sich, zusammen mit anderen Frauen aus dem Geschlecht der Shakya, die Haare schneiden ließ, sich in gelbe Gewänder kleidete und dem Erhabenen auf seiner weiteren Wanderschaft folgte. Als dessen Schüler Ananda die greise Stiefmutter mit geschwollenen Füßen, schmutzigen Gliedern, weinend und voll Kummer und Verzweiflung sah, beschloß er, sich für sie einzusetzen. Er trat an den Buddha heran und versuchte, ihn umzustimmen. Doch selbst ihm schlug er dieses Ansinnen aus, weshalb Ananda den Erhabenen fragte:

„Erhabener, ist denn eine Frau imstande oder nicht,
als Befolgerin des Pfades der Sramanen,
zu erklimmen die vier Stufen der Heiligkeit:
einzutreten in den Strom, die Einmalwiederkehr,
die Nichtwiederkehr oder die Erlösung als Arhat zu
erwirken?“ *(Thomas/Klimkeit)*

Als der Buddha dies bejahte, verwies Ananda auf die Verdienste von Prajapati um ihn, den Erhabenen, weshalb der Vollendete der eindringlichen Bitte schließlich stattgab. Er willigte in die Ordination der Frau ein – unter der Voraussetzung, daß sie acht strenge Regeln beachte. Gleichwohl verkündete der Vollendete:

„Ohne den Eintritt von Frauen in den Orden, o Ananda,
würde die Gemeinde langen Bestand haben.
Die wahre Lehre wäre von eintausend Jahren Dauer.
Nun aber, da Frauen zugelassen worden sind,
wird die Gemeinde nicht so lange Bestand haben,
nur 500 Jahre wird sie fortbestehen.

Denn so wie Häuser, in denen viele Frauen und wenige
Männer wohnen,
leicht den Räubern zur Beute werden,
so werden Lehre und Disziplin, an der Frauen Anteil haben,
nicht lange überdauern.

So wie ein Reisfeld, das von Mehltau befallen wird
und daher nicht mehr lange gedeihen kann,

so werden Lehre und Disziplin, an der Frauen Anteil haben,
nicht so lange überdauern.

Und so wie der Mensch vorsorglich einen starken Damm
errichtet,
um das Abfließen eines Wasserspeichers zu verhindern,
ebenso, Ananda, habe ich in Vorsorge diese acht strengen
Regeln für Nonnen erlassen.“ *(Thomas/Klimkeit)*

Um hingegen die Bettelnonnen zu führen und nicht übermäßig den Gefahren des Alltags ausgesetzt zu sehen, übertrug der Buddha der Mönchsgemeinde die Verantwortung für die Frauen, die in die Hauslosigkeit zogen. Es sei besser für sie, sich in der Nähe und unter der Aufsicht der Sramanen aufzuhalten. Auf diese Weise gewährte er den Frauen die Aussicht, selbst den Weg zur Vollkommenheit einzuschlagen.

Der Besuch im Himmel der Dreiunddreissig Götter

Die Lehre Buddhas hatte dessen Vater Suddhodhana noch erreicht, kurz bevor dieser aus dem Leben schied. Demgemäß hatte er ihm den Weg zur Vollkommenheit noch weisen können. Den gleichen Akt der Kindesliebe auch für seine Mutter zu erbringen, die bereits wenige Tage nach Siddharthas Geburt gestorben war, bedeutete eine ungleich schwieriger lösbare Aufgabe. Maya war nach ihrem Dahinscheiden in männlicher Gestalt – als Göttersohn – im Himmel der Dreiunddreißig Götter wiedergeboren worden. Um in ihrer neuen Daseinsform Zugang zu ihr zu finden und ihr die Lehre zu verkünden, mußte Buddha daher in jenes Götterreich aufsteigen.

Zunächst kam die Zeit, in der Buddha seinen Jüngern verbot, in den zahlreichen Auseinandersetzungen mit den Häretikern Wunder und überirdische Fähigkeiten vorzuführen, dies aber selbst getan hatte, um die vom Brahmanenglauben Abtrünnigen nicht in der irrigen Ansicht ihrer Überlegenheit zu lassen. Noch einmal, wie dereinst in Kapilavastu, führte der Buddha das effektvolle „Zwillingswunder“ aus, jene Darbietung seiner übernatürlichen Macht, in der er sich in die Lüfte erhob, Flammen aus seinem Oberkörper schlagen und Wasserströme aus seinem Unterleib austreten ließ. Danach gingen die Elemente wieder den umgekehrten Weg, nur um dann der rechten und linken Körperhälfte zu entspringen. Dieses paarweise Erscheinen von Flammen und Wasserströmen bot er in zweiundzwanzig Formen dar, bis alle zu der Einsicht gelangten, daß allein der edle achtfache Pfad den Weg zur Vollendung weise.

Es war nach diesem Ereignis, daß dem Erhabenen zu Bewußtsein kam, daß alle ihm vorausgegangenen Buddhas nach der Ausführung des „Zwillingswunders“ in den Himmel der Dreiunddreißig Götter aufgestiegen waren, um den Abidharma auch ihren Müttern zu verkünden und ihnen damit die Lehre von den Vier Wahrheiten zu predigen. Mit drei großen Schritten stieg der Buddha daher in den Himmel der Dreiunddreißig hinauf.

Er verbrachte dort die siebte Regenzeit, verweilte demnach drei Monate unter den Göttern. Seine beiden Jünger Shariputra und Maudgalyayana nutzten ihre übernatürlichen Fähigkeiten, um dem Meister im Himmel ihre Aufwartung zu machen. Buddha empfing sie unter dem Parijata, dem Korallenbaum, auf dem Thron des Götterkönigs Shakra sitzend. An seiner Seite lauschten zwei Götter seinen Worten, von denen einer die neue Verkörperung seiner wiedergeborenen Mutter war. Trotz ihres frühen Todes war es ihr somit vergönnt, die

Lehre aus dem Munde ihres zur Erleuchtung gekommenen Sohnes zu vernehmen.

Buddha nahm Almosen der Götter entgegen und beschenkte sie durch seine Anwesenheit mit geistiger Ruhe. Als er auf einer Juwelenleiter wieder vom Himmel an den Ort Samkashya auf die Erde herabstieg, gaben ihm die Götter Shakra und Brahman das Ehrengeleit. Auf Erden verneigten sich die Könige zu seinem Empfang. Matali, Diener und Freund des Gottes Shakra, begrüßte die Ankommenden, indem er duftende Blüten ausstreute. In seine linke Hand nahm der Erhabene das Rad der Lehre, während er die rechte nach unten und mit der Handfläche nach vorn ausstreckte, um aller Welt mitzuteilen: Ich habe den Göttern die Lehre gebracht.

Der Verrat des Devadatta

Die erfolgreiche Lehrtätigkeit Buddhas brachte ihm zahlreiche Feinde ein, vorwiegend unter den Brahmanen, die viele Anhänger an ihn verloren. Dennoch ging niemand von ihnen so weit, ihm ernsthaft nach dem Leben zu trachten. Pläne für solch eine Untat entstanden jedoch in den eigenen Reihen: bei seinem Vetter Devadatta, dem Rivalen seiner Kindheit und Jugend. Er hatte sein Ressentiment gegen Gautama vermutlich nie ganz überwunden, obgleich er schon bald nach Beginn der Lehrtätigkeit des Meisters in die Mönchsgemeinde aufgenommen worden war.

Devadatta genoß zweifellos ein hohes Ansehen bei allen Mitgliedern des Ordens. Durch seine magischen Fähigkeiten hatte er einst Ajasatru, den skrupellosen Sohn des Königs Bimbisara, sehr beeindruckt und ihn von der Macht der Lehre überzeugt. Sein persönlicher Erfolg und die Anerkennung, die ihm deswegen zuteil wurde, stiegen ihm zu Kopf und erhöhten seinen Hochmut. Als der Erhabene bereits in fortgeschrittenem Alter war, wollte Devadatta daher die Leitung des Ordens übernehmen:

„Herr, Ihr seid jetzt alt, verbraucht, ein Greis,
habt eure Zeitspanne durchlebt und steht am Ende eures Daseins.
Herr, möget Ihr Euch damit bescheiden, in dieser Welt fortan unbeschwert zu leben:
Überantwortet mir den Mönchsorden,
ich werde die Gemeinde leiten!“ *(Schumann 1988)*

Der Buddha übertrug ihm das Amt jedoch nicht. Da Devadatta in seiner Forderung nicht nachließ, tat der Buddha kund, daß er die Leitung der Gemeinde nicht einmal seinen beiden hochgestellten Jüngern Shariputra und Maudgalyayana übertragen würde, geschweige denn ihm, dem Überheblichen, der bislang weder Stolz noch Verhaftetsein mit der eigenen Existenz überwunden habe. Wütend über diese Erniedrigung zog Devadatta davon.

In einer Mitteilung an alle Ordensmitglieder betonte der Erhabene, daß alles, was Devadatta tue, ausschließlich in dessen eigenem Namen erfolge und gewiß nicht im Namen Buddhas, der Lehre oder der Gemeinde geschehe. Damit war der stolze Devadatta praktisch aus dem Orden ausgeschlossen. Seine übernatürlichen Fähigkeiten waren bereits mit dem Gedanken an die Übernahme des Ordens geschwunden. Aus diesem Grund sann er auf anderen Wegen nach Rache.

Zunächst versuchte Devadatta, den Buddha um die Protektion Bimbisaras, des Königs von Magadha, zu bringen. Dessen Sohn Ajasatru riet er, den Vater als Gönner

des Erleuchteten und den Buddha selbst zu ermorden und eigenhändig die Macht zu übernehmen. Das Komplott wurde jedoch rechtzeitig aufgedeckt. Bimbisara aber, der Herrschaft müde und voller dunkler Vorahnungen, zeigte Nachsicht mit seinem Sohn. Und da dieser die Macht so sehr begehrte, übergab er ihm den Königsthron. Ajasatru soll es seinem Vater damit vergolten haben, daß er ihn später ins Gefängnis werfen und dort verhungern ließ.

Devadatta war es indes gelungen, Ajasatru, den neuen König, weiter gegen den Erhabenen aufzuhetzen. Er überredete ihn, den Buddha mit gedungenen Mördern aus dem Weg räumen zu lassen. Der König stellte sechzehn Soldaten dazu ab, jeden Befehl des Devadatta auszuführen, und überließ damit letzterem die Verantwortung für den Mordauftrag. Devadatta zögerte nicht und ordnete die Untat an. Alle der sechzehn bereitgestellten Bogenschützen jedoch ließen beim Anblick des Erhabenen von ihrem Vorhaben ab, bekannten Reue und bekehrten sich, sobald sie die belehrenden Worte des Meisters vernahmen.

Nach dem Scheitern seines Planes nahm Devadatta die Angelegenheit selbst in die Hand. Vom Berg Grijakuta, dem ‚Geiergipfel', an dessen schattigen Hängen der Buddha promenierte, ließ er einen großen Felsbrocken auf ihn hinabrollen, in der Hoffnung, daß dieser den Meister zermalme.

Doch kurz bevor der riesige Steinblock seine Bestimmung erfüllte, spaltete er sich in zwei Teile auf, die zur Seite umkippten.

Schließlich ließ Devadatta in einer engen Gasse von Rajagriha einen wilden Elefanten los, der den Vollendeten beim Almosengang zertrampeln sollte. Während ringsum alle Menschen in Panik davonstieben, blieben allein der Buddha und sein Jünger Ananda furchtlos zurück. Der Erleuchtete näherte sich dem rasenden Tier ruhigen Schrittes, und der wilde Elefant ging, beeindruckt durch die von Buddha ausstrahlende Güte, in die Knie und betete ihn an.

Nach diesen Geschehnissen hatte der Mönch Devadatta in der Gemeinde endgültig seine Ehre und sein Ansehen verloren. Er beschloß nun, gemeinsam mit drei seiner Anhänger, den Orden zu spalten. Sie traten vor den Buddha hin und forderten ihn auf, fünf strenge Regeln für die Mönche zu erlassen, die ihnen vorschreiben sollten, ihr gesamtes Leben im Wald zu verbringen, sich nur von Almosen zu ernähren, ohne je Einladungen zum Essen anzunehmen, nur auf dem Körper zu tragen, was sie aus selbst gesammelten Lumpen herstellten, niemals unter einem Dach, sondern nur unter dem Schutz der Baumkronen zu nächtigen und gänzlich vegetarisch zu leben. Da der Buddha – wie Devadatta es erwartet hatte – auf dieses Ansinnen nicht einging und es den Mönchen freistellte, solche Regeln zu befolgen, unter der Voraussetzung, daß Fleisch, das sie essen würden, nicht extra für sie geschlachtet wurde, und sich obendrein dagegen wandte, daß sie sogar in der Regenzeit noch im Freien schlafen sollten, verbreitete der Abtrünnige, daß der Buddha in Luxus und Überfluß lebe.

All jene in der Gemeinde, die strengere Ordensregeln befürworteten, schenkten Devadatta Glauben und folgten nun ihm nach. Und obschon der Buddha davor gewarnt hatte, daß die Spaltung des Ordens schlechtes Karma nach sich ziehe und einem Verbrechen gleichkomme, fuhr Devadatta fort mit seiner üblen Nachrede. Einer größeren Schar frisch ordinierter Sramanen nahm der Abtrünnige die von ihm ersonnenen strengeren Gelübde ab und zog mit ihnen – „seinen“ Mönchen – nach Gaya, um auf dem Berg Gayasisa den Sitz seines eigenen Ordens zu begründen.

Als der Erhabene von der gelungenen Spaltung seiner Gemeinde erfuhr, sandte er die beiden Schüler Shariputra und Maudgalyayana nach Gaya, um die irregeleiteten Mönche zurückzugewinnen. Devadatta freute sich über ihr Kommen und begrüßte sie freundlich, denn er war vermessen genug zu glauben, daß sie dem Buddha den Rücken gekehrt hätten und sich nun ihm anschließen wollten. Nachdem er bis tief in die Nacht gepredigt hatte, zog Devadatta sich zur Ruhe zurück und überließ Shariputra und Maudgalyayana, die bis dahin nur lauschend neben ihm saßen, das Wort. Als sie die Mönche mit Reden über den wahren Dharma des Buddha begeisterten, schlossen sich Devadattas Jünger den beiden an, um mit ihnen zum Erhabenen zurückzukehren.

Dem abtrünnigen Devadatta aber, der sich beim Erwachen von den meisten seiner Anhänger verlassen fand, schoß heißes Blut aus dem Munde. Neun Monate lag er krank darnieder. Nach Ablauf dieser Zeit äußerte Devadatta den Wunsch, Buddha noch einmal zu sehen. Jener aber erklärte, daß das in diesem Dasein nicht mehr möglich sein würde. Dessenungeachtet machte sich Devadatta auf und wollte sich auf einer Tragbahre vor den Erhabenen bringen lassen. Als er jedoch den Jeta-Hain, in dem Gautama Buddha weilte, erreichte, tat sich unter tosendem Lärmen die Erde auf und verschlang ihn mit lodernden Flammen. Bis in die tiefste aller Höllen, die Avici-Hölle, stürzte er hinab.

Das nahende Ende: Wanderungen Buddhas zum Ganges und nach Kushinagara

Insgesamt fünfundvierzig Jahre lang zog Buddha Shakyamuni predigend durch die Lande. Als er noch in Rajagriha weilte, suchte der Minister Varshakara ihn auf, um im Auftrag des Magadha-Königs Ajasatru um Rat wegen eines geplanten Kriegszuges ins benachbarte Reich der Vrijis zu fragen. Anschaulich legte der Erhabene dar, daß ein Feldzug sinnlos und unheilbringend wäre, da die Vrijis gemäß seinem Rat noch immer in rechter Einmütigkeit zusammenstünden, die reine Lehre bewahrten und ihre Ältesten sowie Recht und Sitte ehrten. Er nahm dies als guten Anlaß, seiner Gemeinde noch einmal rechtes moralisches Verhalten, die Pflege des Sichversenkens und die Suche nach Erkenntnis anzumahnen:

„Solange ihr, meine Jünger, euren Ältesten Ehrfurcht erweist,
die reine Lehre bewahrt und an den Normen, die ich euch gegeben habe, festhaltet,
solange werdet ihr wachsen, nicht abnehmen.

Segensreich und fruchtbringend ist Meditation, wenn sie von rechtem Verhalten getragen ist,
segensreich und fruchtbringend Erkenntnis, wenn sie auf rechter Meditation beruht,
und von solcher Erkenntnis durchdrungen wird die Seele frei von allem Wahn der sündigen Leidenschaft und des Irrtums."

Von Rajagriha aus setzte der greise Meister seine Wanderschaft fort und ging nach Pataligramaka, dem heutigen Patna. Dort mußte der Ganges überquert werden, dessen gewaltige Wassermengen mit Macht vorbeiströmten. Am südlichen Ufer stehend beobachtete der Erhabene, wie die Menschen sich abmühten, den Strom mit Flößen oder anderen Hilfsmitteln zu überqueren. Er aber versetzte sich in tiefe Meditation und erreichte mit ihrer Hilfe unverzüglich das gegenüberliegende Ufer, während seine Mönche ihm schwimmend folgten. Jenseits des Flusses predigte der Buddha erneut und erinnerte an die Vier edlen Wahrheiten.

In der glänzenden und reichen Stadt Vaishali angelangt, weilte er in einem Mango-Hain, welcher der Hetäre Amrapali gehörte. Diese war aufgeschlossen für die Belehrungen des Erhabenen und lud ihn zu einem Mahl. Zum Abschluß vermachte sie den Hain ihm und seiner Gemeinde. Hier sollte ein Kloster errichtet werden, in dem die Mönche während der für die Wanderschaft mißlichen Regenzeit Schutz finden konnten.

Der Erhabene selbst verbrachte die Regenzeit im Dorf Beluva, während er seine Jünger zu Freunden im nahen Vaishali schickte. Nach einer Mahlzeit bei einem Anhänger, dem Goldschmied Cunda, befiel ihn eine schwere Krankheit mit Fieber und heftigen Schmerzen, und er war dem Tode nahe. Ananda bereitete dem Buddha liebevoll sein Lager, auf das er sich im Lotossitz niederließ. Zwar war sein Körper geschwächt, doch sein Geist war klarer als je zuvor. In voller Bewußtheit und besonnen überlegte er sich, daß der Zeitpunkt für seinen Eingang ins Parinirvana noch nicht gekommen sein konnte, denn diesen mußte er seinen Jüngern selbst verkünden. Ohne Abschied wollte er nicht von ihnen gehen. Mit der Nähe seines Todes fühlte Buddha den Wunsch, sich zu einer letzten Reise aufzumachen, die ihn nach Kushinagara, ins Land der Malla-Herrscher, führen sollte.

Als Ananda sich große Sorgen um die Gesundheit seines Meisters und den Fortbestand der Lehre machte, erklärte ihm der Buddha, daß er die Lehre vollständig und vorbehaltlos verkündet, daß er keinerlei Geheimnisse zurückbehalten habe. Irgendwann sei schließlich die Zeit gekommen, sich von Liebgewordenem zu trennen, und so sei dies nun auch in seinem Fall. Statt zu ihm sollte man nach seinem Tod eben die Zuflucht zu seiner Lehre nehmen. Die Jünger und Anhänger, die ihm über all die Jahre auf seiner Wanderschaft das Geleit gegeben hatten, scharten sich um ihn, und auch aus den umliegenden Dörfern liefen Neugierige herbei. In einer letzten Lehrrede unterwies er sie.

Der Buddha Shakyamuni sammelte seine Kräfte abermals und überwand die schmerzenreiche Krankheit. Als er eines Tages vom Almosengang in Vaishali zurückkam,

ließ er sich von Ananda zur heiligen Stätte Capala begleiten. Mit versteckten Worten machte er ihn dreimal darauf aufmerksam, daß er als Vollendeter die Möglichkeit habe, sein Leben zu verlängern. Doch Ananda verstand den Wink Buddhas nicht und unterließ daher, ihn auch darum zu bitten, denn sein Herz wurde vom Versucher Mara vernebelt.

Denn um dem Wirken des Meisters ein Ende zu bereiten, versuchte Mara erneut, den Erhabenen dazu zu überreden, endlich selbst ins Nirvana einzugehen. Er solle die selige Erlöstheit genießen, anstatt ständig anderen den Weg dorthin zu weisen. Der dämonische Fürst fürchtete den Einfluß des lehrenden Buddha sehr, denn ein solcher vermag bis ans Ende aller Tage zu leben. So war Maras Überraschung groß, als der Vollendete ihm verriet, daß er nur noch drei Monate in irdischem Dasein zu verweilen gedenke. Bei diesen Worten erzitterte die Erde, und Blitze zuckten über das Himmelsfirmament. Ananda eilte herbei und fragte nach dem Grund des gewaltigen Erdbebens. Als er ihn erfuhr, besann er sich der übernatürlichen Kräfte Buddhas und bat ihn, diese zu nutzen, um sein Leben zu verlängern. Er mußte sich belehren lassen, daß er zum passenden Zeitpunkt nicht darum nachgefragt habe und die Entscheidung zum Verscheiden inzwischen unverrückbar feststehe.

Danach brach der Erleuchtete auf, um Abschied von seiner Gemeinde zu nehmen. Er trug Ananda auf, all seine Jünger in der Versammlungshalle zusammenzurufen, wo er ihnen über die Vergänglichkeit der körperlichen Daseinsformen predigte. Nach weiteren Verkündigungen und Ermahnungen zur Ordensdisziplin verwies er erstmals offen auf sein bevorstehendes Hinscheiden:

„Wohlan, ihr Jünger, ich spreche zu euch:
Dem Gesetz des Vergehens unterliegt, was durch die bildenden Kräfte entstanden ist,
haltet an im strebenden Bemühen;
in Kürze wird des Tathagata Verlöschen sein,
in drei Monaten von heute wird der Tathagata in das große Nirvana eingehen.“ *(Beckh)*

Im Anschluß an den letzten Almosengang in Vaishali brach Buddha mit seinen Jüngern nach Kushinagara auf. Auf dem beschwerlichen Weg erlitt der Erhabene einen Schwächeanfall, der Anlaß bot, Geist und Körper mit einem Grundstück und einem Haus zu vergleichen: So wie das erste Fundament für ein Gebäude ist, sei auch der unzerstörbare Geist die Grundlage für den Körper; und wie ein baufälliges Haus wieder einstürze, werde der Körper alt und verfalle, ohne daß der Geist von der Krankheit betroffen sei. Aus diesem Grunde konnte Buddha trotz körperlicher Gebrechen seine übernatürlichen Kräfte einsetzen, als er einen Felsblock aus dem Weg räumte. Die Mallas, die ihm einen festlichen Empfang in Kushinagara vorbereitet hatten und ihm daher feierlich entgegenkamen, hatten selbst unter Aufbietung der Kräfte von Pferden, Kamelen, Stieren und Elefanten nicht vermocht, diesen gewaltigen Steinbrocken zu bewegen.

In Kushinagara angelangt, legte sich Gautama Buddha, der Erwachte aus dem Hause Shakyamuni, in einem Wäldchen zur ewigen Ruhe nieder. Ananda richtete ihm sein Sterbelager zwischen zwei Salbäumen her, und zwar so, daß das Kopfende nach Norden wies. Anschließend wendete sich der Vollendete auf seine rechte Seite, nach Art eines Löwen mit einem Fuß auf dem anderen ruhend. Obwohl nicht die Zeit dafür war, standen die Salbäume plötzlich in voller Blüte. Zusammen mit himmlischen Mandarva-Blumen und göttlichem Sandelholzpulver, begleitet vom Klang überirdischer Musik, fielen all diese Blüten herab und bedeckten den Leib Buddhas über und über. Dies nahm er als Anlaß darzulegen, daß die Verehrung ihm gegenüber nicht durch das Darbringen von Opfern, beispielsweise von Blütenblättern, bezeugt werden sollte, sondern dadurch, daß man seine Lehre befolge:

„Aber nicht auf diese Weise, Ananda,
wird der Vollendete geehrt, hochgeehrt, geachtet, verehrt und ausgezeichnet;
sondern welcher Mönch, Ananda, oder welche Nonne oder welcher Laienbruder oder welche Laienschwester nach den größeren und kleineren Geboten lebt,
seine Pflicht erfüllt, nach der Lehre wandelt,
der ehrt den Vollendeten, der verehrt ihn, achtet ihn, ehrt ihn hoch und zeichnet ihn aus.“ *(Dutoit)*

Als Ananda daraufhin zu bedenken gab, daß nach dem Tod des Meisters kein Mönch oder Laie mehr die Möglichkeit haben würde, ihm, dem Vollendeten, seine persönliche Reverenz zu erweisen, nannte der Buddha vier Plätze, die er für Gläubige eines Besuches und der Verehrung wert erachtete: nämlich die Orte seiner Geburt, seiner Erleuchtung, der ersten Predigt und hier, wo er nun ins Große Nirvana eingehen würde. Wohl wissend um die Wirkung dieser Stätten, darum daß sie die Herzen bewegen und als Anlässe zur Besinnung und inneren Sammlung dienen würden, konnte der Vollendete seinen Hörern das karmische Verdienst der Pilgerschaft in Aussicht stellen.

Am Sterbelager: Die letzten Anordnungen Buddhas

Um das Sterbelager Buddhas versammelte sich eine große und stets wachsende Zahl von Anhängern: Könige, Edle und Brahmanen. Als Ananda seinen Kummer über den nahenden Tod des Lehrers nicht mehr verbergen konnte, tröstete, ja ermahnte der Vollendete den Mönch mit den Worten:

„Genug, Ananda, trauere nicht, klage nicht!
Habe ich dir nicht schon zuvor verkündet,
daß alles, was geboren, geworden, aus bildenden Kräften
entstanden ist, mit Notwendigkeit dem Zerfall unterworfen ist?

Wie kannst du nach allem, was ich dich gelehrt habe, dich
noch so dem Schmerz hingeben?
Warum bereitet es den Menschen solche Mühe,
sich über alles Leid zu erheben?“ *(nach Percheron)*

Gleichwohl lobte der Erhabene den anderen Jüngern gegenüber noch einmal das feine Empfinden Anandas, im rechten Augenblick das Passende zu sagen oder zu schweigen. Und wieder verkündete der Buddha die zentralen Gedanken seiner Lehre:

„Lasse dich nicht täuschen, Ananda. Das Leben ist ein langer Todeskampf, es ist nichts als Leiden!
Dies ist die erste der vier Edlen Wahrheiten.

Die zweite Wahrheit jedoch ist, daß das Leid aus dem ‚Durst', aus Begierde und Unwissenheit entsteht.
Der Mensch hängt sich an Schatten; er stützt sich auf ein falsches Selbst und richtet sich ein in einer Welt der Illusionen. Im Augenblick seines Todes ist der Mensch gesättigt von einem vergifteten Trank, und er wird wiedergeboren, um ihn erneut zu kosten.

Die dritte der vier edlen Wahrheiten aber besagt, daß es ein Ende des Leidens gibt. Du wirst dieses Ende jedoch nicht finden, wenn du nicht alle Wünsche und Leidenschaften aus deinem Herzen verjagst.

Daher höre die vierte Wahrheit vom achtfachen Pfad zum Heil. Rechtes Glauben wird euch führen, auf das Karman zu achten, von dem deine künftige Existenz abhängt. Alsdann sorge dafür, daß du nur großmütige Gefühle hegst und deinen Zorn überwindest. Endlich bewache deine Lippen, als wären sie das Tor zu einem Königspalast, damit nichts Unreines über sie komme. Danach handle so, daß das Übel zum Verschwinden gebracht, das Gute aber gefördert wird.

Hast du in Befolgung dieser vier Wege die Selbstsucht ausgelöscht, so wirst du künftig fähig sein, die vier übrigen Stufen des achtfachen Pfades zu durchlaufen: rechtes Leben, rechtes Streben, rechtes Denken und rechtes Sichversenken."

(nach Percheron)

In der übernächsten Nacht, als der Erhabene fühlte, wie sein Leib kalt wurde, schickte er die Umstehenden hinaus – bis auf einige wenige, die er für würdig befand, sein

Werk fortzusetzen. Er rief ihnen die zehn Ordensregeln ins Gedächtnis, die Vorschriften für das tägliche Leben, die Kleidung, die Nahrung und die Meditation. Da er die Sorgen der Mönche um seine Nachfolge in der Gemeinde wohl kannte, wandte sich der Buddha an seinen vornehmsten Schüler Ananda, und äußerte, daß die von ihm hinterlassene Lehre als einzige Autorität gelten sollte:

„Es möchte sein, Ananda, daß ihr so zu euch sprächet:
‚Unsrer Lehre Meister ist hingegangen. Wir haben keinen
Meister mehr!' So müßt ihr es nicht ansehen, Ananda.
Die Lehre und Ordnung, Ananda, die ich euch verkündigt und
festgesetzt habe, die ist euer Meister nach meinem Hingang ..."

„Darum, Ananda, seid selbst eure Insel, selbst eure Zuflucht;
habt die Lehre als Insel, die Lehre als Zuflucht,
habt keine andere Zuflucht!" *(Bechert/Keilhauer)*

Der Tod Buddhas und die Verteilung der Reliquien

In der Meditationshaltung versetzte die Kraft seines Bewußtseins den Buddha in einen Zustand, der frei von den Banden unseres irdischen Seins ist. Mit einer letzten Ermahnung, im Streben um Erlösung nicht nachzulassen, wandte der Erhabene sich noch einmal seinen Mönchen zu:

„Wohlan, ihr Mönche, ich sage euch:
der Vergänglichkeit untertan sind alle Gestaltungen.
Laßt niemals nach in eurem Streben!

Seht den Leib des Buddha;
auch er muß, wie alles, das entstanden ist, wieder vergehen."

Mit diesen Worten versank der Buddha, der sich auf seine rechte Seite legte, in tiefe Meditation. Auf die erste Versenkung folgten nacheinander die zweite, dritte und vierte Stufe der Versenkung, bis er jene der Raumunendlichkeit, jene der Erkenntnisunendlichkeit, der Nichtirgendetwasheit, von weder Vorstellen noch Nichtvorstellen bis hin zur Aufhebung von Vorstellen und Empfinden erlangte. Doch noch immer ging der Erhabene nicht ins Nirvana ein, sondern durchmaß erneut alle Stufen der Versenkungen rückwärts bis zur ersten, um dann abermals bis zu jener vierten Versenkung fortzuschreiten, aus der sich Gautama erhob und in das Große Nirvana einging.

Schließlich verlor Buddha das Bewußtsein und verschied unmittelbar darauf. Dieser Augenblick markierte seinen Eingang ins Parinirvana, ins Nachtodliche Verlöschen, in die Erlöstheit, den niemand sonst gewahrte. Wieder erzitterte die Erde und hüllte sich in Finsternis, während ein fremdartiges Licht über dem Himmel erstrahlte. Unter dem Zucken von Blitzen fegten stürmische Winde über die Erde, und das Wasser der Flüsse und Seen schien zu kochen. Ein großes Erdbeben wurde begleitet von kosmischen Phänomenen: Meteoriten zogen ihre Bahnen über den Himmel, der zu erglühen schien. Während die himmlischen Götter die Zeichen verstanden und frohlockten, waren die niederen Geister bekümmert. Auch die Anhängerschaft des Buddha reagierte unterschiedlich auf das Hinscheiden ihres Lehrers. So vergoß der als letzter von ihm selbst ordinierte Novize Subhadra Tränen der Trauer vor dem Sterbelager, und manche der Jünger wehklagten:

„Allzu früh ist der Heilige ins Große Nirvana eingegangen,
allzu früh ist der Selige erloschen,
allzu früh ist das Licht der Welt untergegangen.“

Unter allen Mönchen war Anuruddha der besonnenste und am meisten abgeklärte. Er setzte sich nieder, legte die Hände in Verehrungsgeste zusammen und rief der Gemeinde die Worte des Buddha ins Gedächtnis, daß alles Geborene der Vergänglichkeit unterliege:

„Nicht also, Freunde, klagt nicht, jammert nicht!
Hat es der Erhabene nicht im voraus gesagt, Freunde:
Von allem, was uns lieb und wert ist,
müssen wir uns trennen, müssen uns von ihm abscheiden, es muß anders damit werden?
Wie wäre es denn möglich, Freunde, daß, was geboren, geworden, gestaltet, der Auflösung untertan ist, sich nicht auflöste?
Das kann nicht sein."

Sechs Tage lang ließen sie den Leichnam aufgebahrt, denn so lange währten die Leichenfeiern und die Vorbereitungen für die Bestattung des Erhabenen. Sein Leichnam wurde behandelt wie die Gebeine eines Herrschers über Könige. Mit Wohlgerüchen und Kränzen ehrte man die sterbliche Hülle, und unter Musikbegleitung wurde sie für die Verbrennung vorbereitet – getreu den Anordnungen, die der Buddha vor seinem Hinscheiden noch selbst getroffen hatte: daß nämlich der Leichnam in Stoff gehüllt und dann eingesargt sowie nach der Verbrennung seine Überreste gesammelt und in Stupas beigesetzt werden sollten.

Am siebten Tag wurde der Leichnam des Erhabenen von den Söhnen der herrschenden Mallas selbst durch das östliche Stadttor getragen und auf den Scheiterhaufen gelegt. Als sie jedoch versuchten, das Feuer für die Verbrennung der Gebeine zu entfachen, wollte es nicht recht entflammen und erlosch jedesmal wieder. Der Mönch Anuruddha erkannte, daß die Götter die Verbrennung hinausschoben, weil Buddhas Schüler Kashyapa, der inzwischen prominenteste in seiner Gemeinde, noch nicht zugegen war.

Zum Zeitpunkt des Todes von Buddha Shakyamuni war Kashyapa in Begleitung einer Schar von Mönchen auf dem Weg vom Lande Pava nach Kushinagara. Unterwegs berichte ihnen ein Sramana der Ajivika-Sekte, daß der Meister bereits eine Woche zuvor ins Nirvana eingegangen war. Daher machte sich Kashyapa unverzüglich auf den Weg ins Land der Mallas auf. In Kushinagara wurde er von den Gläubigen ehrfürchtig begrüßt und zum Sarg des Erhabenen geführt. Diesen öffnete er und machte den Leichnam von den Tüchern und Stoffen frei, damit er dem nun sichtbaren und unversehrten Körper Buddhas seine Verehrung bezeugen konnte. Zu guter Letzt entschloß er sich, die Totenriten anstelle der Mallas auszuführen. Er umwandelte den Scheiterhaufen dreimal, ergriff die Füße des Erhabenen und legte sie sich auf sein Haupt.

Nachdem Kashyapa so getan hatte, hüllte er den Leichnam wieder ein, und auf wundersame Weise entflammte der Scheiterhaufen augenblicklich von selbst. Am Firmament begleiteten Himmelswesen die Verbrennung mit Flöten- und Lautenmusik und ein Gandharva ließ Blüten auf den Scheiterhaufen herabrieseln. Ein sanfter Regen setzte bald ein, traf einzig den lodernden Scheiterhaufen und brachte die Flammen zur Ruhe. Auf diese Weise blieben in der Asche einige Knochenreste Buddhas als Reliquien übrig, die von Kashyapa eingesammelt und den Mallas überreicht wurden. Sie wiederum legten sie in eine goldene Urne, die unter großem Zeremoniell in die Stadt gebracht wurde. Dort ließ man ihr aufmerksame Bewachung und Verehrung zuteil werden.

Die sterblichen Überreste des Buddha glichen einer Handvoll Perlen, um die bald ein Streit unter den großen Fürsten entbrannte. Kaum hatte sich nämlich die Nachricht vom Erlöschen des großen Meisters verbreitet, als die acht führenden Adelsgeschlechter Nordindiens auch schon Boten nach Kushinagara entsandten, um Reliquien des Buddha für sich und ihr Land zu erbitten. Da der Erhabene im Laufe seiner Wanderschaft in ihre Länder gekommen war, dort gepredigt hatte, sei er ihnen lieb und teuer geworden, weshalb sie Anspruch auf seine Gebeine erhoben. Obschon manche der Herrscher aus den Nachbarreichen das Heer in Schlachtordnung aufmarschieren ließen, um ihren Forderungen Nachdruck zu verleihen, weigerten sich die Mallas, die Reliquien des Buddha herauszugeben.

Als die Auseinandersetzung schon in ein Blutvergießen überzugehen drohte, trat der Brahmane Drona auf und schlug vor, daß man von den Knochenresten acht gleiche Teile voneinander trenne und sie an die beteiligten Geschlechter aushändige.

„Geduld und Nachsicht war es,
was der Erhabene pries.
Weshalb also wollt ihr um seiner Gebeine willen
Blut vergießen und einander töten?

Erlaubt, seine sterblichen Überreste in acht zu teilen.
Mir aber gebt das Gefäß, mit welchem ich das Maß für die
Teilung nehme, und ich will einen Stupa darüber errichten.“
(nach Rockhill u. Thomas)

Die Mallas nahmen den Vorschlag an, wie auch die sieben anderen ihr Einverständnis erklärten. Und so füllte Drona die Reliquien zu gleichen Teilen in acht bereitgestellte kleine Kästchen, die von den Fürsten ehrerbietig entgegengenommen und in all die nahen und fernen Königreiche gebracht wurden. Dort errichtete man für sie acht wunderbare Stupas, die auf immer an den Eingang des Erhabenen ins Nirvana erinnern sollten. Als Symbol für das Erreichen der Erlösung sind sie eine Aufforderung, sich das Leben des Buddha zum Vorbild zu nehmen und gleich ihm zur Vollendung zu streben.

Der ewig lebende, transzendente Buddha

Mit Erlöschen und Eingang ins Mahaparinirvana war Leben und Wirken Gautama Buddhas nach orthodoxer buddhistischer Auffassung endgültig abgeschlossen. Er war ein bedingt entstandenes Wesen unserer irdischen Welt. In späteren Schriften des Mahayana-Buddhismus erfuhr diese Ansicht einen deutlichen Wandel, der sich in der Darstellung der Ereignisse um die Bestattung des Buddha Shakyamuni niederschlug. So schildern manche Berichte nicht nur, wie sich seine ineinandergeschachtelten Särge von allein öffneten, als sein Schüler Kashyapa um den Leichnam herum wandelte, sondern auch, daß der Verstorbene seine Füße ‚aus Mitleid' sehen ließ. Mit der Vorstellung, daß der Erhabene selbst seine Füße aus dem Scheiterhaufen hervorstreckte, damit der Jünger sie verehre, wurde die Auffassung deutlich, daß es für den Buddha doch ein Leben nach seinem irdischen Tod gebe – er folglich ein transzendentes Wesen und sein Leben von ewiger Dauer sei:

„Aber in Wahrheit bin ich nicht erloschen und hinübergegangen. Beständig bin ich hier und predige das Gesetz.

Ich bin beständig hier,
und mit meiner überirdisch durchdringenden Kraft
veranlasse ich die Lebewesen, die verwirrt sind,
daß sie mich, obwohl ich nahe bin, nicht sehen.“ *(von Borsig)*

Dieser Standpunkt zeigt einen eklatanten Wandel im Verständnis des Daseins: Glaubte man ursprünglich, daß beim Erlöschen des ‚Seins an sich‘ der Übergang in die ‚andere Welt des Absoluten‘, in das Nirvana, stattfinde, so wurde im Mahayana der Gedanke entwickelt, daß diese beiden ‚Seinsarten‘ gar nicht voneinander zu trennen, sondern identisch seien und damit eine Einheit bildeten. Mit einer derartigen Auslegung wurde das empirische Sein lediglich zu einer anderen Form des Absoluten. In diesem Sinne war der Buddha niemals geboren und konnte daher auch nicht sterben. Wenn er scheinbar doch starb, war dies sein Mittel, um die Menschen auf die kurze Zeit ihres irdischen Daseins aufmerksam zu machen und sie zu ermahnen, den Weg zur Erlösung anzutreten.

Der niemals geborene und niemals gestorbene Buddha weckt auf diese Weise in den unerlösten Wesen die Erkenntnis und hilft ihnen auf den Erlösungsweg. Er tut dies in Form eines ‚Schattenkörpers‘, mit einem ‚Leib des trügerischen Seins‘ *(nirmanakaya)*, der nichts anderes darstelle als „ein subjektives Erlebnis je einer gegebenen Persönlichkeit oder eines Wesens“ (Ebert). Dies ist Ausdruck des in der sogenannten ‚Drei-Körper-Lehre‘ *(trikaya)* dargelegten, dreifach gestuften Buddhaprinzips: Als seine eigentliche Natur gilt der ‚Körper der Lehre selbst‘ *(dharmakaya)*, ewig und unausdrücklich. Er manifestiert sich in vielfacher göttlicher Gestalt, wird mithin – meditativ – erfahrbar und „genießbar“: der ‚Körper des Genießens‘ *(sambhogakaya)*. Die – scheinbare – Verkörperung als Lebewesen ist ein weiterer Schritt in die Erfahrbarkeit durch alle Lebewesen: der ‚Leib des trügerischen Scheins‘. Als solche „Verkörperungen“ werden die inkarnierten tibetischen Lamas wie auch der historische Buddha Shakyamuni angesehen.

„Alle großen Ströme des Lebens aller Menschen,
der Himmel, die Erde und das Himmelsgewölbe,
münden ein in das Meer des Lebens des Tathagata.

Wisse deshalb, daß der Tathagata eine ewige
und unveränderliche Existenz hat.“ *(Klimkeit)*

Der Tathagata, d.h. „der so Gekommene, Vollendete“, wird als ‚Schattenkörper‘ des Buddha zum Vermittler zwischen dem Absoluten – der Essenz des Kosmos, zu der alles hinstrebt – und unserer Welt der Erscheinungen. Als der ‚Vollendete Mensch‘, der sämtliche Gestalten annehmen kann und mit den ‚Zehn Kräften eines Buddha‘ ausgestattet ist, führt er mit der „Arznei“ seiner Biographie und seines Todes die im leidvollen Kreislauf des Daseins Gefangenen zur höheren Erkenntnis.

Erst in der höheren Schau erkennt der Mensch alle Gegebenheiten so, wie sie wirklich sind: nämlich als leer, womit gemeint ist, daß den Dingen die Wesenhaftigkeit fehlt, ihre Existenz als Phänomene aber nicht negiert wird. Da im Gegensatz zur höchsten Wirklichkeit die Welt der Erscheinungen durch „Vielfalt" geprägt ist, bedeutet Nirvana das Freisein von jeder Vielfalt, weil dann die Mannigfaltigkeit der Welt sowie das Gesetz des bedingten Entstehens aufgehoben sind. Das von Natur aus friedvolle Nirvana wird somit nicht erlangt, sondern es besteht im Erkennen des wahren Wesens der Phänomene, in dem die Vielfalt zur Ruhe kommt. Der historische Buddha ist mithin auch nur der ‚Schattenkörper' des ewig lebenden, transzendenten Buddhaprinzips, des ‚Nicht-Bedingten':

„Die drei Welten sind ein Geist.
Außer dem Geist existiert kein Ding.
Geist, Buddha und alle Lebewesen –
zwischen diesen dreien gibt es keinen Unterschied."

(Dumoulin, nach Ebert)

Es sind die Welten der Begierde, der Form und der Formlosigkeit, die als die drei Welten das All ausmachen – die gesamte körperliche und geistige Wirklichkeit, die gemäß den Schriften wiederum eins sind mit dem Geist, der bei der Erleuchtungserfahrung im Menschen aufbricht. Somit sind Geist, Buddha und Lebewesen identisch, und die Lebensgeschichte Shakyamunis ist als Botschaft des Absoluten die Veranschaulichung des Mittels – des Erlösungsweges –, diese Einheit zu erfahren.

„Der Buddha ist einzig unter den Menschen und Göttern, nicht weil es nie seinesgleichen gab, sondern weil er schon immer einmal da war in seiner Einzigkeit.

Zug um Zug, Lehre um Lehre gab es ihn auch in früheren Weltzeitaltern je einmal, auch dreimal, mitunter auch nicht.

Er ist jüngstes Glied einer Reihe übergöttlicher Lehrer, deren gleichartige Gestaltenfolge über Weltzeitalter im Spiegeldämmer erinnerter Vorzeit schwimmt.“ *(Zimmer)*

Quellennachweis

Wenn nicht anders vermerkt, entstammen die im Text wörtlich wiedergegebenen Übersetzungen buddhistischer Originaltexte den im Herder Verlag erschienenen Werken von

Bechert, Heinz (Hg.): *Die Reden des Buddha. Lehre, Verse, Erzählungen*, Freiburg/Basel/Wien 1993

Schiekel, Munish B.: *Dhammapada – die Weisheitslehren des Buddha*, Freiburg/Basel/Wien 1998

Vereinzelt wurden kürzere Textpassagen aus nachfolgend aufgeführten Veröffentlichungen zitiert:

Beckh, Hermann: *Buddha und seine Lehre*, Stuttgart 1958

Borsig, Margareta von: *Juwel des Lebens. Buddhas erleuchtetes Erbarmen. Aus dem Lotos-Sutra*, Freiburg 1986

Dutoit, Julius: *Das Leben des Buddha*, Leipzig 1906

Ebert, Jorinde: *Parinirvana: Das Problem seiner Darstellung in der buddhistischen Kunst*, in: *Leben und Tod in den Religionen. Symbol und Wirklichkeit*, hg. von Gunther Stephenson, Darmstadt 1985, S.285-300

Gautama Buddha: *Das hohe Lied der Wahrheit*, übertragen von H. Much, Freiburg/Basel/Wien 1992

Gruschke, Andreas: *Tibet. Weites Land auf dem Dach der Welt*, Freiburg 1993

Klimkeit, Hans-Joachim: *Der Buddha. Leben und Lehre*, Stuttgart 1990

Mylius, Klaus (Hg. und Übers.): *Gautama Buddha: Die vier edlen Wahrheiten*, München ^{3}1991

Obermiller, Eugene: *The History of Buddhism in India and Tibet by Buston*, Heidelberg 1932

Percheron, Maurice: *Buddha*, Reinbek 1987

Rockhill, W. Woodville: *The Life of the Buddha*, London 1884

Schumann, Hans Wolfgang: *Buddhistische Bilderwelt*, Köln 1986

Ders.: *Der historische Buddha*, München 1988

Thomas, Edward J.: *The Life of Buddha as Legend and History*, [1931] London/New York 1996

Waldschmidt, Ernst: *Die Legende vom Leben des Buddha*, Berlin 1929

Zimmer, Heinrich: *Indische Sphären*, München/Berlin/Zürich 1935

Zotz, Volker: *Buddha*, Reinbek 1991

Bilderläuterungen

(Titel) Die Erleuchtung unter dem Bodhi-Baum *(Roter Tempel von Tsaparang, Westtibet)*

(2) Geburt des Buddha *(Kloster Norbulingka in Dharamsala, Himachal Pradesh/Nordindien)*

(11) Wandmalerei mit der Lebensgeschichte von Buddha Shakyamuni *(Nimtsu Gompa in Dawu, Kham)*

(17) Mayas Traum *(Wandmalerei im Kloster Shalu, Zentraltibet)*

(21) Maya und der neugeborene Buddha *(Roter Tempel von Tsaparang)*

(24) Die ersten sieben Schritte *(Thangka-Malerei)*

(30) Das Leben des Prinzen Shakyamuni im Palast und die vier Ausfahrten *(Norbulingka-Kloster von Dharamsala)*

(35) Shakyamuni schert sich die Haare und wird Wandermönch *(Thangka-Malerei)*

(37) Der abgemagerte Asket Shakyamuni und seine fünf Mitasketen *(Roter Tempel von Tsaparang)*

(41) Der abgemagerte Shakyamuni nimmt wieder Nahrung entgegen *(Roter Tempel von Tsaparang)*

(43) Shakyamuni im Meditationssitz: Buben treiben Schabernack mit ihm *(Roter Tempel von Tsaparang)*

(46) Versuchungen durch Mara *(Roter Tempel von Tsaparang)*

(48) Die Schönheit der Lustgöttin Rati „verwelkt" vor den Augen des Buddha *(Thangka-Malerei)*

(53) Nach der Erleuchtung unter dem Bodhi-Baum ruft Buddha die Erde als Zeugin an *(Shalu-Kloster)*

(56) Der Schlangenkönig Mucalinda schützt Buddha vor den Einflüssen der schlechten Witterung *(Roter Tempel von Tsaparang)*

(63) Die erste Lehrrede „Buddhas" *(Roter Tempel, Tsaparang)*

(68) Buddha beim „Andrehen des Dharma-Rades": Er verkündet seine Lehre *(Norbulingka-Kloster in Dharamsala)*

(73) Buddha Shakyamuni *(Drathang-Kloster, Südtibet)*

(80) Der Almosentopf in den Händen des Buddha ist das Würdezeichen des Ordensoberhauptes *(Kloster Pel Lhagong in Kham)*

(86) Buddha beim Almosengang *(Roter Tempel von Tsaparang)*

(89) Buddha Shakyamuni beim Besuch im Himmel der 33 Götter *(Kloster Peyül Gompa, Kham)*

(92) Buddha Shakyamuni im Kreise seiner Schüler *(Roter Tempel von Tsaparang)*

(96) Buddha lehrt im Tempel *(Gomang Gompa in Ngawa, Amdo)*

(100) Wanderungen am Ganges-Ufer *(Roter Tempel, Tsaparang)*

(106) Buddha geht in das Nirvana ein *(Norbulingka in Dharamsala)*

(109) Einäscherung des Buddha-Leichnams *(Weißer Tempel von Tsaparang)*

(113) Reliquienverteilung auf acht Stupas *(Kloster Kasang Gompa, Rino im Nyarong-Tal, Kham)*

(118) Auf Buddha Shakyamuni zurückgeführter „Stammbaum" einer buddhistischen Lehrtradition *(Ahandalai-Kloster im Tsaidam-Becken)*